近衛文麿

清談録

千倉書房

学習院中等科時代（1903［明治36］年前後）

本書刊行当時（1936［昭和 11］年頃）

近衛文麿『清談録』復刊によせて

筒井清忠

本書は、戦前三度にわたって内閣を組織し、日本をリードした政治家近衛《このえ》文麿《ふみまろ》の思想や人となりを知るための最適の書であるとともに、昭和史理解に欠かせぬ書である。なぜそう言えるのか。以下、本書を理解するために必要な最小限のことを記していこう。

第一篇「身辺瑣談《しんぺんさだん》」は、基本的に近衛が出会った人物に対する人物評論集だが、実に面白く有益である。近衛の父篤麿《あつまろ》、一高の恩師で夏目漱石の『三四郎』に登場する「広田先生」のモデルと言われる岩元禎《いわもとてい》、京大教授の河上肇《かわかみはじめ》、元老西園寺《さいおんじ》公望《きんもち》、学習院長乃木希典《のぎまれすけ》、大正期を代表する政治家である加藤高明と原敬、同じく明治期の桂太郎・伊藤博文、イギリスの外相エドワード・グレイなどが次々に登場する。これらの人物に関心を抱く読者にとって興趣《きょうしゅ》が尽きないばかりでなく、近衛という人物がきわめてよく理解できる内容なのである。

父が死んだあと近衛家が貧乏をしたかのように書いてあったり、また京大では実際は西田幾太《にしだきた》郎《ろう》の方が接触が深かったのに、あえて河上との関係を強調するなど、近衛が自分の中でも人にアピールしたい部分を前面に押し出している点が見られないではないが、どこでそれが行われているかもまた興味ある所である（これらの点について詳しくは拙著『近衛文麿』岩波現代文庫、二〇〇九を参照されたい）。

しかし、全体としては率直な人物観察記録として尊重されるべきものである。加藤高明に対する高い評価などはその一例と言えよう。最近でこそ見直しの進む加藤だが、これまで長らく過度に低い評価に甘んじており、こうした高い評価は非常に先駆的なものなのである。原敬以上の評価なのだから。

とくに印象的で爽やかな読後感を残すのは「エドワード・グレーの風格」であろう。「その教養あり、学識あり、気品の高い風格」を説くところはゆかしく、こういう文章を見かけなくなった昨今の日本で、ぜひ若い人にも読んでもらいたいものである。このように、グレイに憧れる近衛もまたグレイのような人だと思わせられる。

また、この文章はロンドン軍縮条約をめぐって政友会の犬養毅・鳩山一郎らが政府攻撃を始めたころ（一九三〇年五月）に発表されており、ロンドン条約に対する態度が明確でないとされる近衛が、実質的にはロンドン条約に賛成の立場であったことが窺える文章でもある。

グレイを深く尊敬していた人としては、ほかにも戦前期の親英米派外交官・政治家として知られる幣原喜重郎《しではらきじゅうろう》がいる。幣原の『外交五十年』（中公文庫プレミアム、二〇一五）に詳しいが、幣原はグレイに心酔し、その著作『25years（*Twenty-Five Years, 1892-1916* [1925]）』を座右の書としていた。一九二六年一二月、イギリス政府は突如「一二月メモランダム」を出し、それまで遵守していたワシントン会議の成果としての九カ国条約の枠組みを破り、日本を無視して中国と一方的に関税などの取り決めを行うことを発表した。

外相であった幣原は、ワシントン会議の精神並びに最近の日本と中国の外交担当者の合意内容を無視するものとして駐日英大使ジョン・ティリーを難詰《なんきつ》したが、このとき幣原が手に持って振りかざしていたのがグレイの『25years』であった。ティリーもさぞ驚いたのではないだろうか。幣原の抗議は、表向き英国外務省に対するものであったが、それを信じ崇拝していた自分自身に対する失望の表明でもあっただろう。その後も幣原は英米協調外交を基本的に貫き、困難なロンドン海軍軍縮条約をまとめるなど活躍し、戦後は幣原のことを忘れていなかった英米とのパイプを首相（任期一九四五〜四六年）として活かすことになる。従って、幣原の思想の基調が英米協調にあったことは疑うべくもない。

しかし戦争末期になると、幣原は意外にも米英に対する強烈な徹底抗戦論者になっており、不思議な印象さえ覚えさせられるのだが、グレイに対する渇仰と失望に引っかかるものがあったと考えれば、一つの解答になるかもしれない。

それは、これほどグレイを尊敬していた近衛が、首相として日本を英米との戦争直前にまで持って行ってしまうことになる心理的背景（過度の理想化とそれに伴う失望・反発・敵意）として存在していたことなのかもしれない。

第二篇「渡米二月記」は、一九三四年に近衛が渡米したころに書いた原稿をまとめたものである。大正時代、パリ講和会議の帰りに一度立ち寄ったアメリカに好感を抱き、再訪を期しながら軍などの横やりのため果たし得ず、それ以来の訪米であった。

国際協調の時代は過ぎ、満州事変・国際連盟脱退という変転があってからの機会だけに、この訪米記は、当時のアメリカ人の対日観と近衛ら日本人のアメリカ観を知る上でも貴重な記録と言えよう。

満州事変に対し、侵略による日本の権益獲得を認めないとしたスティムソン・ドクトリンを基調とするアメリカの厳しい日本観、またアメリカと中南米の関係を日本と満州の関係に擬して理解を示すものがあること、一方で満州問題は静観しつつ中国へ日本の手が伸びること警戒しているものがいること、ニューヨークあたりに日本関係のライブラリーを作って日本理解を深めてもらい「誤解」を解くのが好ましいこと、など様々な見解が述べられており有益なのである。

とりわけ最後の点は、帰国後、もともと樺山愛輔《かばやまあいすけ》が考えていたアイデアとともに外務省を後押しすることになり、ここにも近衛の先見性が示されている。

残念なのは、当時ニューヨークにいた長男文隆について触れられていないことである。私的なことだからであろうが、近衛の訪米の様子は日本のメディアで連日のように報道されており、その中心は実は息子の文隆と近衛ファミリーのことなのであった（この点も詳しくは拙著『近衛文麿』参照）。この時期、近衛は息子をアメリカに留学させていることを右翼から批判されており、その点についてどう考えていたのか知ることができればより有益だったに違いないのである。

第三篇「欧州大戦平和会議の紀行」は、一九二〇年に『戦後欧米見聞録』（中公文庫、改版二〇〇六）と題して刊行した、パリ講和会議とその後の欧米体験記一三編から四篇を選りすぐったものである。ウイルソン、クレマンソー、ロイドジョージ、西園寺公望、牧野伸顕《まきののぶあき》らの動きが近衛一流の名文によって生き生きと描かれている様は一種の壮観と言えよう。

講和条約調印式の日のパリの情景も得難い文章である。ドイツ全権の「二人の黒き姿の淋しくも憐なる」をウイリヘルム皇帝・ビスマルクらのヴェルサイユ宮殿での盛期と対比した個所は、後のドイツの報復を予感させるものがあると見ることができるかもしれない。

近衛の挙げる四つの「所感」即ち、①力の支配のなお残っていること、②専門秘密外交から国民公開外交への転換、③人材登用のための門戸開放・外交官養成方針の改新など外交官制度の刷新、④日本人の世界的知識の養成、はいずれもポイントを突いており、③のプロパガンダ機関の設置は、後に近衛が首相になった際に内閣情報部・内閣情報局の設置という形で実現されるのである。

第四篇「貴族院論」は貴族院の実態やあり方を論じたものである。近衛は一九一六年に二五才で貴族院議員になってから四二才で貴族院議長に上りつめるまで、長年にわたり貴族院に在籍し続け、その改革に大きなエネルギーを割いていた。それだけに、ここにはリアリティーがあり、説得的である。

近衛は国民の意志が明らかに政府与党と離れているときは、貴族院は政府与党に譲る必要はなく政府を敗北させてもよいが、基本的には貴族院は国民代表の府たる衆議院の意を汲み民衆の志を遂げさせるべきだと論じている。

そうすると、「国民の意志が明らかに政府与党と離れている時」というのがどう判断されるのかが問題となるが、それが実際に発動されたのが一九二八～二九年の水野錬太郎文相優諚《ゆうじょう》問題に端を発する田中義一首相問責決議案問題であった。

一九二八年二月二〇日、日本初の男子普通選挙が行われ、鈴木喜三郎内相による激しい選挙干渉の中、政友会・二一七、民政党・二一六、その他・二三という結果となったが、議会の開会前には両党による激烈な多数派工作が行われ、監禁・暴行・買収などが横行し国民の顰蹙《ひんしゅく》を買う事態となったのだった。主たる責任者と見られた鈴木内相は辞職した。

田中首相は、その後に当選回数の浅い久原房之助《くはらふさのすけ》を強引に入閣させたが、これに抗議した水野錬太郎文相は辞意を表明した。しかし、水野は天皇から優諚があったとしてまもなく辞意を撤回。これが天皇に政治責任を押し付けるものだと問題化した。田中首相が辞意撤回は優諚前と声明したが、結局水野は辞職し、田中首相の補弼《ほひつ》のあり方が問題になったのである。

近衛の所属していた火曜会は、幹事会を開いて首相の態度を問題視する方針を決定、貴族院五派の田中首相問責共同声明が発表され、翌年二月に近衛を座長とする各派交渉委員会でこの共同声明を決議案とする方向で議論がなされた。

こうして一九二九年二月二二日、賛成一七二対反対一四九で田中首相問責決議案が可決されたのだった。貴族院による内閣弾劾決議は憲政史上初のことであった。

この後、不戦条約問題、張作霖《ちょうさくりん》爆殺問題などもあり、七月二日、田中内閣は総辞職する。従って、この貴族院の内閣弾劾決議は田中内閣倒壊の一原因なのであった。

近衛の貴族院論は、こうした政治過程の中で絶えず近衛の心の一隅にあり、近衛の強硬策を理論的に支えていたものと見ることができる。このあたりにも、単なる思いつきで動く凡百の政治家とは異なる、近衛の知識人性が窺われるのである。

第五篇「国際平和の新基調」には、一九一八年にパリ講和会議に出かける前に書いた著名な

「英米本位の平和主義を排す」(第二節)のほか、この本が出版される直前から数年さかのぼろうちに書かれた世界情勢・国際関係の論文が収められている。

「英米本位の平和主義を排す」は、ある意味で歴史的な文書である。パリ講和会議前後の日本が置かれた立場を、これほど明瞭に述べたものはなく、そしてここに書かれたことが、結局、両大戦間期の日本の立場となっていったからである。

この点について中西寛京都大学教授は、著書『国際政治とは何か――地球社会における人間と秩序』(中公新書、二〇〇三)の冒頭で「大正から昭和にかけての日本を、おそらくそのマイナス面を含めて代表していた近衛文麿の『英米本位の平和主義を排す』」と評言している(五頁)。

本論文に書かれている内容と、雑誌『キング』(昭和八［一九三三］年二月号)に掲載された第三節「世界の現状を改造せよ」(雑誌掲載時には「偽善的平和論を排撃す」というサブタイトルが付されていた)など、『清談録』の刊行と相前後して書かれた他の文章とは基本的につながっている。しかし、注意を要するのは、近衛が一貫してこのような主張をしていたわけではないということである。

大正後期、近衛は国際連盟協会の理事をしており、「狂熱的な偏狭なる所謂《いわゆる》愛国者、憂国家」を排し「平和的なインターナショナル・シティズン」を養成し、「暴力を以てせずして正義を以てせんとす」る国際連盟の精神を説いていたのである。

すなわち、大正後期の国際協調主義の時代には「英米本位の平和主義を排す」的立場とは距離を置いた頃があり、昭和前期になり各国でナショナリズムが強調され日本もそうなったとき、再びその面が表に出てきたということなのである。

これを近衛の転向のように言うのは事態の実相にそぐわないと思われる。この転換は世界情勢の転換に伴ってその頃の多くの知識人を襲ったものであり、近衛はその一事例にすぎないからだ。その意味では近衛の議論の変転の中から当時の日本人が自己をどのように説明しようとしたかを知り、その問題点をよく認識し、今後の糧《かて》とすべきでものとしてそれらは存在しているというべきであろう。

本書は全体として、一九三六年という時点における日本人のシャープな自己告白の書であり、ここで書かれた道筋を辿って日本は戦争への道を進んでいくことになったものである。ここで、近衛の述べる四つの「所感」のうち、第一の「力の支配のなお残っていること」を強調し過ぎると戦争に近付くが、第四の「日本人の世界的知識の養成」の道を強く進んで行けば、決してそうはならなかったであろうことは言うまでもない。しかし、どうして日本は第四の道を行かなかったのか。言いかえればどうすれば日本は戦争への道を避けられたのか、本書のような危ういバランスに乗った書物を読むことによってのみ、そのための思索は鍛えられるに違いない。

（帝京大学教授・東京財団上席研究員）

本書は昭和一一（一九三六）年八月八日、千倉書房より刊行された

近衛文麿　清談録

目次

第五篇　国際平和の新基調

近衛文麿　清談録

凡例

一、本書は近衛文麿著、伊藤武編『清談録』第一刷を底本とし、表記を現代仮名に改めたものである。

二、明らかな誤植は訂正し、今日ではわかりにくい用語や語彙については［　］で編集部が註を入れた。読解に資すると判断される読点、送り仮名についても同様の処理の上、適宜挿入した。

三、註および巻末の年表・索引はすべて編集部によるものである。

四、原著は総ルビで、すべての漢字にふりがなが振られていたが適宜取捨選択した。

五、以下については大部分の漢字を開いた。

雖↓いえども、所謂↓いわゆる、夫↓それ、其↓その、悉↓ことごとく、已に↓すでに、殆↓ほとんど、亦↓また、然に↓しかるに、之↓これ、姑く↓しばらく、以て↓もって、能く↓よく、可らず↓べからず、乍然↓しかしながら、且↓かつ、而（し）て↓しかして、於（い）て↓おいて、固より↓もとより、稍↓やや、凡そ↓おおよそ、凡て↓すべて、併し↓しかし、此↓この、只↓ただ、尚↓なお、忽ち↓たちまち、勿論↓もちろん、直↓ただちに、態々↓わざわざ、寧ろ↓むしろ、若し↓もし、度い↓たい、乃ち↓すなわち、愈々↓いよいよ、屡↓しばしば

六、一部に今日では差別的と考えられる表現が用いられているが、原書の執筆された時代背景を勘案し、そのままとした。

小序

私人としての感懐の中には、かえって公人としての精神が、よく現れておる場合が多い。「身辺瑣談」の一編を特に公に乞うて本書の冒頭においたのは、その為である。また「欧洲大戦平和会議の紀行」は青年時代の公の実感の吐露《とろ》であり、今日の公の想見《そうけん》の一部が、すでにここに現れておるのは興味深い感がする。これは文語体をもって綴《つづ》られてあるが壮麗の文章というべく、この一節は中等学校の国語読本の中に編入されてある筈である。

また最近の時務に関する感想・時論は、主として最近に記・述されしものを中心としたが内容の連絡に重きをおかずその折々に記・述されしものを、そのまま編んだものである。公の時論を編むに当って感じたことは、現下の日本がいかに一貫透徹せる指導精神確立の必要を国内的にも国際的にも急務としているかの事である。もしこの書が、この点についてわが朝野の資となることあらば、編者としては望外の喜びに堪えない。
いまこの書を上梓するに当り、公の想見を、全くに、伝え得ざる編輯《へんしゅう》上の不備を謝し、その責が一切編者にあることを附記するものである。

昭和十一［一九三六］年八月

編者［伊藤武］記

第一篇　身辺瑣談

身辺瑣談

貴族院議長は初代が伊藤博文公［爵］、二代が蜂須賀正韶《まさあき》侯［爵］、三代が父の近衛篤麿、四代が徳川家達《いえさと》公［爵］の順で、父から徳川公に代ったのは明治三十六［一九〇三］年十二月の初めであった。

それは父の議長任期が満期になったためである。

その三十六年の夏から、父は不治の病で大学病院に入院していた。徳川公は議長に就任した日に父の病室まで新任の挨拶に来られた。それは私の十三歳のときだ。

私もその時病室に居合せたが、この徳川公の後を継いで三十年後の今日、私が五代目の議長になるなどと、その時誰が想像したろう。

父は最初伊藤公に嘱望《しよくぼう》され、洋行をしたのも伊藤公の推挽《すいばん》により、西園寺〔公望〕公に伴《つ》れられて渡欧したのであるが、帰朝後の父の思想は、内政問題では立憲主義であったが、外交問題では国権主義であり、随《したが》ってその時代のいわゆる対外硬論者との交《まじわ》りが深く、伊藤公、西園寺公とは次第に離れて行った。日露戦争前に国民同盟会、対露同志会等を作って平和外交主義の政友会を向うにまわして活動した如きその一例である。

父の政治運動は一方借財をつくる結果となり、私が十四歳で父と死別した頃は、私の家は決して豊かではなかった。

父の在世中は、朝から晩まで色々の人が出入し、私なども子供ながらチヤホヤされていたものだ。が、父がいなくなってからは、まるで火が消えた様になり、それだけならまだしも、今まで父に政治上の意味で世話を受けた人などが掌《てのひら》を返《か》えすように金を返えせと云って来る。ある金持の如きは、こちらが現金で返せぬので掛軸などをかたにすると、二度も三度もつきかえして来る様な始末であった。

こんな事から私の心の中には、知らず知らずの間に、社会に対する反抗心が培《つちか》われていた。中学から高等学校にかけての私は、西欧の奇激な文学を読み耽《ふけ》るひがみの多い憂鬱な青年であった。父の弟で独逸で法律を修めた津軽〔英麿〕伯〔爵〕は、私が文学青年になるのを心配して、一高受験の際は法科に入れと勧めてくれたが、断然文科に入ってしまった。同じクラスには山本有三がいた。松岡譲、菊池〔寛〕、久米〔正雄〕等が一級上で、この二つのクラスは始終ゴム毬《まり》のベースボールをやって親しかった。

文科の語学は独逸語《ドイツ》八時間、英語八時間であった。私の二十年間の学生生活中、高等学校の一年生の時ほど、苦《くるし》んだことはなかった。それは主に岩元〔禎《てい》〕先生の独逸語《ドイツ》だった。

その頃の先生の教授法は一学期に独逸文法を全部やり、二学期にはレグラ《ママ》ム本〔✣1〕の小説を先生が独りで読んでゆくのだが、二時間で四五頁はすすむので、最初のうちは先生が何処を読んでいるんだか見当がつかない、そして四百何頁という部厚なものをすっかりやってしまった。

このために二学期はクラスの半分が零点、私はやっと二十点だった。そこで三学期にはコレヤ落第するぞというので、ほんとうに勉強したが、クラスの半分は落ちた。しかし其半数だけ、上のクラスから又落ちて来て結局クラスの人数は同数になった。実に乱暴極〔ま〕る教授法だった。

✣1――レクラムは一八二八年に創業されたドイツの出版社で、文庫サイズの廉価な書籍の先鞭を付け、岩波文庫のモデルとなったことで知られる。

しかし先生の人物には頭が下［が］った。世間のうわさによると夏目漱石の三四郎に出てくる広田先生がそのモデルだと云う。あすこに描かれている人物よりも、遥かに激しい性格の人で、独身主義者で読書家で、本を大切にすることは非常なものであった。本には必ずカバーをかけ、洋書でも日本式の本箱に横にねかして入れて、読書の際は必ず手を洗って読むという風だった。

先生の理想はプラトー［プラトン］で、先生はさながらギリシャの哲学者がこの世に生［ま］れて来たような感がした。私は余程先生の感化を受けたものと見え、その当時、世の中で一番俗悪なものは政治家、一番高尚なものは哲学者だと思い込んでいた。

先生は学者として自ら高く持し、中々人に許さぬ方で、大学の先生等も先生の口にかかっては滅茶苦茶だった。ただケーベル先生［✣2］には痛く心服し、又西田幾多郎《にしだきたろう》氏を推称していた事を覚えている。

岩元先生の感化で哲学者になろうと思って居た私は、高等学校の三年頃から、今度は社会科学に興味を感じ始め、京都帝大の米田庄太郎氏や、河上肇《はじめ》氏の書いたものに親しむようになった。

そんなわけで一時東大の哲学科に入り、井上哲次郎氏あたりの講義を聞いて見たが面白くない。そこで米田氏や河上氏の居る京都大学に行きたくなり、十月頃東大をやめた。京都へ行き、入学の期限がすぎているのに法科に入れてくれと学生監にすわりこんでやっと入れて貰った。

その頃の法科は織田萬《よろず》博士などの時代であったが、法律の勉強が目的でなかったから、法律の講義等にはほとんど出ない。従って点もわるく、やっと落第しない程度だった。
当時の河上氏は、すでにマルクスの研究をしていて、我々に、マルクスが読めるようにならなければだめだと始終云っていたが、極端に左傾してはいなかったようだ。氏の宅を訪問すると、書斎に通され、火鉢を囲み刻煙草《きざみたばこ》を吹かしながら、もの静かな気持でいつまでも話相手になってくれた。
その頃私は河上氏から二冊の本を貰った。一つはスパルゴー[✤3]の『カール・マルクスの生涯と事業』であり、一つはイタリーのトリノ大学のロリア教授の『コンテンポラリー・ソシアル・プロブレムズ』[✤4]であった。
後者に就《つい》ては特に『とても面白い本でやめることが出来ず徹夜して読んだ』と云って渡された。

✤2――ラファエル・フォン・ケーベル（Raphael von Koeber 一八四八－一九二三年）は、ドイツ系ロシア人の哲学者。御雇外国人として一八九二年に来日し、二〇年以上にわたり東京帝国大学で哲学や西洋古典学を教えた。講義を受けた夏目漱石や和辻哲郎らが随想を残している。

✤3――ジョン・スパルゴ（John Spargo 一八七六－一九六六年）はアメリカの社会学者でマルクスの評伝が著名。「スパルゴー」「スパーゴ」などとも表記される。

✤4――アキルレ・ロリア（Loria Achille 一八五七－一九四三年）はイタリアの経済社会学者。"Contemporary Social Problems" は代表的著作。

私もまた昂奮して、一気呵成《かせい》にそれを読み了《おわ》った事を今も記憶している。

思うにその頃は、河上氏もマルクス主義の勉強時代であったろう。実際運動にはもちろん携わっていなかった。しかし時々『人はその志の為には国外に追放される位のことは始終覚悟していなくてはならぬ』等と云っていた。

京都で一年程、氏の書斎に出入している中に、氏は海外留学を命ぜられて渡欧した。その渡欧に先立ち唯一の親友だとして、一人の友人を私に紹介してくれた。それが今の代議士瀧正雄君だった。

しかしその後、だんだん瀧君の思想も変［わ］って今日に及んでいるが、大正六［一九一七］年同君が最初に代議士の選挙に立った時は、河上氏も応援に出掛けて行った筈だ。その後両氏の思想は益々遠ざかり、何度目かの選挙の時に、瀧君が応援を頼みに行ったらキッパリ断られたそうだ。

そのほか、京都に行った為に西田幾多郎氏や戸田海市《かいいち》氏に教［え］を受ける事が出来たのは、今もなお仕合せだったと思っている。

西園寺公のこと

私が京大に行った大正元［一九一二］年の暮に、第二次西園寺［公望］内閣が増師問題で倒れ［✤5］、桂［太郎］公［爵］が内大臣府より出でて三度目の内閣を組織するや、天下は囂々《ごうごう》として軍閥官僚の横暴を叫び、憲政擁護運動は燎原《りょうげん》の火の如く全国に拡がった。その急先鋒は政友会だった。優諚《ゆうじょう》［✤6］は政友会総裁たる西園寺公に降《くだ》ったが、公の力をもってしても政友会の突撃を思い止まらせる事は出来ず、西園寺公は責を引いて政友会総裁を辞し、大正二［一九一三］年の春京都の清風荘に引退した。

私はその頃まで政治には何等の関心もなく、むしろ反感さえ持っていた位だったが、この憲政擁護運動を毎日新聞で見て居る間に、多少政治に興味を感じ出した。そして政治家としては、桂

✤5——一九一二（大正元）一一月二〇日、閣議に提出した師団増設の要求が容れられなかったことを不満とする陸軍大臣の上原勇作が辞表を提出した。軍部大臣は現役の軍人でなければならない規定（軍部大臣現役武官制）であったため、それを背景に陸軍は後任を推薦せず、西園寺内閣は総辞職に追いこまれた。

✤6——天皇が示した指示・希望。ここでは西園寺に首相を務めるようにとの意向。

さんよりは西園寺さんの方が何となく好きであった。

しかし前にも述べた様に、西園寺公は私の父とは政敵ですらあり、同じ公卿ではあるが近衛家と西園寺家とは、古来極めて縁の薄い間柄であるから、一度も会ったことはなかった。或日フト西園寺さんと言う人に会って見たくなって、紹介状も持たずに清風荘を訪れたら、幸［い］に会って呉れた。

しかし初対面の印象はすこぶる悪かった。大学の金釦《ボタン》で行った私を、公が、閣下閣下と云われるので、こっちもムズかゆい様な気がして、人を馬鹿にしてるんじゃないかとすら思えた。それから当分訪問しなかった。

その頃京大に在学中の橋本実斐《さねあや》［✤7］君（現伯爵貴族院議員）が西園寺家の一族で、始終同家に出入していたが、その橋本君に大学で会うと、西園寺公がこの頃近衛はどうしてると、時々聞かれると云う事だった。この事を伝え聞いて、お訪ねしないのは悪いと思いながらも、卒業までとうとうお訪ねしなかった。

卒業して公をお訪ねすると、初対面の時とは打って変［わ］った態度なので、こちらも無遠慮に若い気焔《きえん》を挙げた。

それから大学を出て、これから何になったものでしょうと、公に相談すると、公は、経験になってよいから、知事になったらどうだと云われたには驚いた。

西園寺公は十八［一］九で、山陰道鎮撫《ちんぶ》総督になったり、越後府知事になったりしているので今の時勢でも簡単に知事になれるものと考えていられたらしかった。そこで知事にはそう簡単にはなれないと云うと、今度は、政党に入るのも一つの行き方だと云われた。しかし私はその時何ぼ西園寺公の御声掛りでも、政党に入る勇気はなかった。

それでしばらくブラブラしていると、大正七［一九一八］年の暮、世界大戦が終結を告げて、巴里《パリ》に媾和《こうわ》会議が開かれる事になり、西園寺公は帝国首席全権として、それに出席される事になった。

好機逸すべからずと早速随行を願い出た。そして翌年正月、公の一行に加［わ］って巴里に赴いたのである。明治十八［一八八五］年、父が最初の洋行の時も西園寺公に伴《つ》れられて行った（当時園公《えんこう》は駐独公使、父は留学生）のだった。私もまた、最初の洋行で、公に随伴する事になったのは誠に不思議な機縁であった。

この随行中に、私は西園寺公からひどく叱られた事が三度ある。

コロンボに寄港して同地の公園を散歩してるる《ママ》時、いい香の花があったので、私達は何心《なにごころ》なくそれを折り取って、これを嗅《か》ぎながら談笑してると、これを見た公はたちまち疳癪《かんしゃく》玉を破裂さ

✤7——原著では「はしもとじつひ」とルビが振られている。

せた。

『お前達はどうして平気でそんな不道徳な事をするのか、そんな事をするなら、もう外国へつれて来ない』

と真剣《しんけん》になって言われた。

一体日本人は、或方面の道徳においては世界に誇るべきものを持っている。が、社会公衆の間の道徳はまだまだ至って低い。公園の草花を折ったり芝生を踏み荒したり、そこいらに痰唾《つば》を吐いたりする事を、大した罪悪でないと云う様に軽く考える癖がある。これは世界に交《まじわ》る大国民のたしなみとしては注意すべき事だ。公が強く私共を誡《いまし》められた心もそこにあると思う。

それからマルセーユに着く前であったと思う。私達若い連中が、税関で荷物を調べられる時には、どうしてうまく云い逃がれをするかと云う事を、食堂で面白半分に話し合ってると、それを聞かれた公は、

『そんな心掛では、紳士としてどうして今後世界の舞台に立つことが出来るか』

と云って叱られた。

それから、これは巴里へ着いて会議が始まってからの事である。或日のこと、丁度その日は全権のみの会議で、随員達はその会場に入る事を禁ぜられていたが、新聞記者としてならば入る事が出来ると云う事だったので、私は自分が株を持ってる日本の或新聞社の社員と云う名目で、会

議室に入り込み、その日の会議を傍聴した。

すると、これを誰からか耳にせられたものと見えて、公は早速私を呼びつけられて、そして、

『そんな真似をするなら、今日から随員を免職する』

とひどい権幕《けんまく》で叱られた。公はそれ程嘘とゴマ化しの嫌いな人である。

西園寺公に就て感心する事は、公が如何なる場合にも公私を混同せず、ものの筋道をはっきりと立てて居られる事である。

明治三十六［一九〇三］年十二月十日、第十九議会開院式に賜わった勅語に対する奉答文の議事が、衆議院で開かれた。この時衆議院議長河野広中翁は、桂内閣弾劾《だんがい》の意味を含めたあの有名な奉答文［✤8］を朗読し、衆議院はうっかりこれを可決してしまった。

ところがこれを知った桂内閣の閣員達は、事の意外なるに驚き周章狼狽《しゅうしょうろうばい》、ひそかに意を軟派議員に通じて、議会をし、奉答文を再議せしめて議会の解散を回避しようとした。

ここにおいて、政友会はただちに本部に代議士会を開き、善後措置を協議した。席上議論紛糾容易に纏《まとま》らなかったが、大勢は解散回避の立場から再議説が強かった。しかし最後の決定は、総

✤8――一九〇三（明治三六）年、自由民権運動の闘士から衆議院議員となった河野広中は、第一一代衆議院議長に選ばれるも、議会開院式において対露強硬派の立場から勅語奉答文で桂内閣を弾劾した。

裁に一任しようと云うことになった。

そこで幹部が駿河台に公を訪問した。幹部から代議士会の経過を聴取した公は、

『議会に一事不再議は鉄則である、どこの立憲国に再議する所があるか』

とただ一言、他に何事も言われなかった。この一言によって議会は解散となった。

大正天皇崩御あらせられた時のことである。英国御留学中の秩父宮殿下は急遽御帰朝遊ばされた。殿下が横浜に御着の日には、大正天皇の御遺骸はまだ宮中の殯殿《ひんでん》［✣9］に御安置申上げてあったので、宮内省では殿下御上陸の後、ただちに宮中殯殿に御拝、次いで赤坂離宮にて御兄君陛下に御対面遊ばされるというプログラムを作っていた。するとこれを聞かれた公は、

『殯殿の方はいかに御父君とは申せ大行天皇［✣10］であらせられる。陛下は御兄君とは云いながら今日では元首であらせられるから先ず陛下に御対面御帰朝の御挨拶あって後殯殿に御拝あらせられるべきである』

と云われた。それで宮内省でも俄《にわ》かに御予定を変更したとの事である。

印象に残る人々

❖寺内正毅伯［爵］について

先の寺内さんには、一度しか話をしたことはなかったが、印象の深い人である。

私は京都大学を卒業した年には、すでに定年で貴族院議員になっていたが、丁度寺内内閣の時で、寺内さんを貴族院で招待した。その席上、徳川議長が、寺内さんに私を紹介してくれた。寺内さんは一番先に、

『徴兵に行ったか』

と聞いた。私が、

『学校の関係でまだ猶予中なので検査を受けませんが直《じき》に受けます』

と答えると寺内さんは、

『徴兵検査を受けなければまだ一人前ではないではないか』

と云ってまるで、そういう人間は、こんな席に来る資格はないと云わぬばかりの口吻《こうふん》だった。

私は寺内さんに対しては、先入的の偏見を持っていた。それは彼が武断政治、圧制政治の権化《ごんげ》であると云う事であった。日韓併合の当時私は一高の学生であったが、夏休を利用して京城《けいじょう》［現

❖9――出棺までの間、貴人の棺を一時的に安置しておくための御殿。
❖10――天皇崩御後、追号が贈られるまでの敬称。

ソウル］の叔父の家に行って居った。その時の京城は銃剣とカーキ服によって固められていた。

そこへ寺内さんが、［韓国］総監として乗り込んで来たのである。私はセンチメンタルな気持になって、亡国《ぼうこく》の民を憐《あわ》れむ詩を作り、武断政治家を呪う文を草したことを記憶している。そんな感じを持ってる所に、この一喝を喰ったのだからグット癪《しゃく》に障《さわ》った。

その後間もなく寺内さんは亡くなられたので、それきり会う機会を失ったが、この頃になってやはり好い人だったと思う。

寺内さんは率直で生一本な人で、青年を真面目に導いてやろうという気持からああ云われたに相違ないのである。

❖乃木［希典］将軍について

乃木さんには、学習院時代に大変お世話になった。しかし、何分にも反抗心の強い盛りの頃だったから、乃木さんが規律ということをやかましく云われ、やれ、ボタンが外れているとか、帽子を真直に被《かぶ》れとか云われる事をただ徒《いたず》らに形式に拘泥《こうでい》されるように、私は思っていた。

私は、学習院から一高に入学したが、その頃の一高生は、和服を着る者の方が多く、私も和服を着ていた。そして目白に住んでいたので、よく目白の駅で、学習院から出て来られる乃木さんに会った。乃木さんは私の和服姿をみると、

『君は和服を着ているが、一高には制服がないのか』

と訊かれた。私が、

『いや、あります』

と答えると、

『何故制服を着ないのか、どうも学習院を出てから、急にだらしがなくなって不可《いか》ん』

といって、停車場で叱られてしまった。

しかし、前にもいったように、反抗心の強い時代だったから、その後も会う度に注意を受けたが、一向に改めようとしなかったので、流石《さすが》の乃木さんも呆れたと見えて、そのうちには小言を言わなくなってしまった。

乃木さんと殊更《ことさら》比較して言うわけではないが、西園寺さんは急所々々はしっかり抑えながら、形式などというものが極端になく、極めて自由奔放な気持の人なので、非常に近寄り易かった。しかし今から考えて見ると、乃木さんが形式を重《おも》んじられた中にはやはり一つの真理はあったと思うのである。

❖加藤高明氏と原敬氏

私が一番親しめたのは加藤高明さんであった。加藤さんの言われることには掛引や嘘が全然なかった。そして、ストーヴを前にしてでも話されると、滾々《とうとう》として尽くるところを知らず、といった感がした。正義を愛し、不正を憎み、原さんとは違った強さを持った人であった。

加藤さんは憲政会の総裁だったが、眼中には憲政会も政友会もなかった。政友会の人でも、好い人のことは口を極めて褒《ほ》めたし、憲政会の人でも感心しない人の事は糞味噌に貶《けな》された。これは当り前の事ではあるがそこが原さんとは違っていた。

大正九［一九二〇］年頃、私は森恪《もりかく》君や、山口義一君などと、憲法運用その他の政治問題を研究する会を作った。それには貴族院衆議院の各会派の人も入れようということになった。

そして政友会の人も関係するのだから、時の総裁の原さんに、一応の諒解だけは得ておこうというので、或日原さんを訪ねた。すると、原さんは曰く、

『至極結構なことであるが、衆議院の方のメンバーは、政友会だけにして、憲政会などの連中は入れないでくれ』

という挨拶であった。私はそれでは困るので、会の趣旨は一党一派に偏すべきものでない所以を説いて見たが、原さんはどうしても聞き入れなかった。

その頃は私もまだ若かったから、原さんになど話さなければよかったと後悔した。

そこで森君といろいろ相談してみたが、総裁がそういう以上は仕方がないという。しかしそれでは会の趣旨が立たぬので、最初のメンバーを変更して、憲政会や国民党からはほんの申訳に一

人か二人ずつ入れて、ともかくも政友会の独占から免れたのであった。

私は原さんという人が、あまりにいわゆる政党根性が露骨なので驚いた。

しかし原さんも、根本においてはやはり国家本位の人だったと思う。ただ自己の経綸を行うには政党の力が必要であると信じていたらしく、かなり党本位と見える行動があった様だが、やはり国家を第一においていた人で、力の政治化として容易に見ることの出来ない偉い人だと思っている。

力の政治ということには、いい意味も悪い意味もある。

力というものは元来、理想を実現させる手段であるから、そのいい意味の力を発揮しなければならないのであるが、原さんはその悪い意味の力をも発揮したと見られてあの不幸[✤11]に遭ったのであろう。

今日のような時代には、非常に強力な、力の政治家が必要である。その意味で、原さんの言ったことや行ったことは極端ではあるけれども、あれだけ信ずること堅く、意志の強い政治家が、

✤11――原敬（一八五六―一九二一年）は新聞記者を経て官界に入り、陸奥宗光に重用され政治家に転身。立憲政友会総裁となり、逓信大臣、内務大臣を歴任した後、内閣総理大臣を務めるが、一九二一（大正一〇）年一一月四日東京駅で右翼青年に暗殺された。

今日、この様な時代になければならぬと感ずるのである。

国家と人物

国家本位の政治家は誰かと云うことをよく訊かれることがあるが、おおよそ一流の政治家で国家本位でない人はあるまい。

例えば原さんなどは非常に政党本位、殊に政友会本位であったが、根本の考え方はやはり国家第一、政党第二だという確固たる信念を持っていたのだと思う。

加藤さんは、その点が一層はっきりしている。加藤さんは、政党などは、自己の理想と経綸を行うための政治上の道具ぐらいに考えて居られた。

更に西園寺公になると、全く国家本位というほかはない。

ポーツマス条約の時の国民運動は、例の日比谷の焼打事件などまで起［こ］したのである。日露戦争大捷後の媾和談判において、屈辱的な条約を結んだというので国民は憤激したのであるが、日比谷の焼打には、桂内閣を倒すという意味もあった。

政友会がこれに合流してやれば、桂内閣を倒して政友会に政権が来るというので、媾和条約反対の空気が強く党を支配していた。

ところが西園寺総裁は政権や俗論に一顧も与えず、一言の下にピシャッと反対論を抑えてしまった。これは心髄から国家本位の政治家だからこそ始めて出来るのであって、党利党略を事とし人気を主とする政治家には、到底出来ないことだと思う。

西園寺公はすべてをアンパイヤーの立場で公平に見られている。だから政治家というより、元老というような地位が一層適するのであろう。平素の行動も淡々として少しも豪傑ぶったり英雄ぶったりしない、物事に固執しない。

徳富［蘇峰］さんの書いた桂公伝記によると、桂公の偉い所は平凡な所にある。桂公は自分では至極平凡な人間、俗な人間だと思っていられたらしい。その代り、衆智を集めて仕事をするという行き方で、そこを当時ニコポン［✤12］などと言われたのであろうが、仕事は桂公が一番していられるとも言えるだろう。

ところがそれを『桂公は利巧《りこう》だ。何か仕事の出来るような時に自分が政権を取るようにして、総《すべ》て自分の手で仕事をしてのけた。例えば日露戦争の時には総理大臣としてあの大戦争をやり、

✤12――桂は政財界の要人にニコニコと笑いかけ、肩をポンと叩いてその人心をつかむと新聞に評された。

それから一旦退いて韓国併合の機運が熟して来た時に再び政権を取って韓国併合をやった』という風に見る人がある。極端に悪く解すればそう見えるかも知れないが、桂公といえども自分のなりたい時に総理大臣になれるわけのものではない。ただ、非常に仕事を為《し》たい人で、幾分功名心に駆られて、調子に乗り過ぎた傾があるかと思われる。

支那の第一革命後間もない頃だが、孫文が日本を訪れて桂公と会見して、日支提携について懇談したが、

『日本の政治家では桂公より外に語るに足るものはない』

と言ったと孫文の側近者から聞いた。この時桂公と孫文の間に何等か提携が出来て、桂公がいま少し生きていられたら、満洲問題などはもっと早く解決したかも知れない。

西園寺公は前にも言った通り、功名心に駆られるとか、我意を通すとか、云う事が少々物事に拘泥《こうでい》せず、淡々としていられるので、政治家によくある親分子分の関係がない。この点伊藤公もそうであった。

ところが山縣［有朋］公［爵］は、自分の見込んだ人は何処までも引上げるという風があった。しかし長州人なら誰でも、能力の有無に拘らず引立てるというのではない。世間では長閥というけれど、山縣公の恩顧を蒙った平田東助、大浦兼武などは長州人でない。だから山縣公の行き方は丁度原さんが政党の力によって国家に貢献しようとしたように、人材を集めて、これによって

自分の抱負経綸《けいりん》を行おうとしたのであろう。

伊藤公は子分のない人だった。或人が伊藤公に向って、『犬養《いぬかい》［毅］の為には一命を惜《いし》まぬ者が少くも三十人はある。公爵（伊藤）は今日元老の地位に居られるから、その権勢に阿附《あふ》して周囲に集まるものが非常に多いけれども本当に公爵の為に死ぬという者は一人もないだろう――かように世間では言っております』と言うと、伊藤公は、『自分は全身を国家に捧げている身だから、自分の為に死ぬ者などは一人もなくてよい』と言ったということだ。

父［近衛篤麿］のこと

父の亡くなったのは明治三十七［一九〇四］年――私の十三歳の時であったが、父は平素公務多忙で家にゆっくり落［ち］着くことは少なかったので。飯を一緒に食うこともなかった。従って亡くなった時の印象が一番深い位である。

父は一年程病気していて、三十七年正月の元日に亡くなった。もう三十年以上も経ってしまった。

亡くなる前年の一月に肋膜炎《ろくまくえん》をやって、二ケ月ばかりでそれが癒《なお》ったが、葉山に転地して、その年の議会には到頭出なかった。

葉山から、東京へ帰って来て、全快祝いには、人を呼んで喜んでいたが、暫《しばら》く経つと突然熱が出た。前の病気はすっかり癒《なお》っているが、今度の病気は、どういう訳か分らない。生憎《あいにく》の事に主治医の青山胤通《たねみち》さんは丁度洋行中で、よく体を知っている人がいない。

そこで北里柴三郎さんに診てもらったが、どうも病気が分らない。熱が非常に高くて、一月以上その原因がはっきりしない。その中夏になってしまった。

その時分、大学にいたベルツ[✣13]という人にも来て貰ったが、やはり分らない、一同ただ心を痛めるばかりであった。

ところが或る時父が痰《たん》を吐いた。その痰を北里さんが検査して見ると、アクチノミコーゼ[✣14]というのを発見した。

これは例の濱口［雄幸］さんの病気と同じで、その頃の医学の常識としてはほとんど人間にはない病気で、牛や豚にばかりある病気だといわれたものであった。

これではとても駄目だといって一同悲観している中に、体のあちこちに腫物《はれもの》が出来て来た。兎《と》に角《かく》その腫物を切らなければいけないというので、大学病院へ入って佐藤三吉さん[✣15]の手術を受けた。

それで一旦よくなったが、十一月頃から段々衰弱が加わって到頭亡くなった。

永い間寝たっきりだから、よく床ずれというやつが出来る。あれを拵《こしら》えない為に時々椅子に腰かけたり又横になったりしていたが、正月元日、椅子に腰掛けている処へ、私と弟の秀麿が病床へ見舞に行った。それが八時頃であったが、私達が行くと急に病症が激変した。心臓麻痺だ。父は普断《ママ》から心臓が弱かった。一寸坂道を上っても息切れがすると云う位であった。あれだけ長く保ったのは腸、胃が丈夫だったためであろう。

亡くなったのは四十二歳、それもその歳の元日だから実際は四十一歳の命であった。しかもその一ケ年はずっと病床で送ったので、父の政治的生涯は四十歳で終ったと言ってもいいであろう。

✣13――エルヴィン・フォン・ベルツ（Erwin von Bälz 一八四九－一九一三年）は、ドイツの医師。御雇外国人として三〇年近く東京医学校（現在の東京大学医学部）で教鞭を執った。長男トク・ベルツが編纂した『ベルツの日記』で知られる。

✣14――一九三〇（昭和五）年一一月東京駅で右翼青年に狙撃された民政党の浜口雄幸首相は、一命を取り留めたものの体調が戻ることはなく、内閣は総辞職し、浜口も翌年八月、放線菌症（actinomycose）によって他界した。

✣15――東京帝国大学医科大付属医院長、東京帝国大学医科大学長などを歴任した東京帝国大学教授（外科）。前出の青山胤通（内科）や、田口和美（解剖学）らと共に日本の近代医学創生期の重鎮。

それに外国から帰って来たのが二十八歳の時だから、父が活躍したのはまず十年位の間である。一体、父は伊藤公の世話によって外国へ行き、帰って来るとすぐ伊藤公は父を貴族院仮議長に推薦された。

父の外国での論文は『責任内閣論』というのであったが、伊藤さんとは憲法上の意見がよく衝突したらしい。

伊藤さんは困った場合はすぐ詔勅《しょうちょく》を仰ぎ、いわゆる、袞龍《こんりょう》の御袖《おそで》に隠れるという癖があったので、父はそれを攻撃したものらしい。それで段々伊藤さんと離れて行った。

あの時分の日記などを見ても、非常に憤慨しているのが分る。

父が留学したのは独逸《ドイツ》であった。独逸へ留学したという訳は、以前に西園寺公が仏蘭西《フランス》に遊学して帰朝され、東洋自由新聞などに拠って大いに活躍されたことがある。華族の子弟が外国から帰って、皆ああいう風に外国にかぶれては困るというので、岩倉［具視］さんなどは華族はなるべく外国に留学しない方がいいという意見であったらしい。

しかし当時日本の学制は今日程完備していない。外国で勉強しなければ一人前でないという鬱《うっ》勃《ぼっ》たる覇気は誰しも持っていた。

父は英語を勉強していた関係から、イギリスか、アメリカへ行こうと思っていたが、両国共民主的な国でいけないという。しからばフランスはと言えば、西園寺公の前例があるから駄目だという。三条［実美］公や岩倉公はロシヤへ行け、と言う事であったそうだが、これは父の方から断わって、大分曲折を経て結局ハップスブルグ王家の大国オーストリヤへ行くということになった。

さていよいよオーストリヤ留学ということに決定したので丁度西園寺公がドイツ公使として赴任する時、連れられて日本を出発した。しかしオーストリヤへ行って、ウイーンに暫《しばら》く滞在するうちに、やはりオーストリヤよりドイツの方がいいと云うことから、ドイツに移ってしまい、五ケ年ばかり滞在して帰朝した。

父は大陸政策について伊藤さんと意見が違っていた。

伊藤さんは外交的に非常に軟弱だということになっていたので、日清戦争後、三国干渉などの事件があって国論が沸騰し、段々民間の浪人の連中が父を担《かつ》ぐようになった。

政府部内においても、日清戦争後はロシヤに対する意見が二つに分れ、山縣さん桂さんなどはロシヤを目標にしてイギリスと結ぶという論であり、伊藤さんは日露同盟論であり、その為わざわざ向うへ出かけて行った位で、どこまでもロシヤと結んで戦争を避けるという意見であった。

そしてその為には、朝鮮の大同江くらいまでを日本が取って勢力範囲とし、それから北の方はロシヤにやる、と云う様なことで妥協しようとした。

しかし伊藤さんの意見に対しては軍部はもちろん民間の強硬派も反対であった。

父の周囲に集った強硬派の人々の間で、国民同盟会というのが組織された。又その他にいわゆる七博士[✤16]と云われる人々も協力した。前の東大総長小野塚喜平次博士などもその一人であった。

伊藤さんは結局ロシヤへ行って話を進めた、しかし結論には到達せず余裕を残して一旦伯林《ベルリン》迄やって来ると、そこに松井慶四郎さんが来て日英同盟が進行していることを話した。つまり伊藤さんは桂さんに裏をかかれた形になったが、やむを得ず日英同盟に賛成した。だから帰って来ると大分あっちこっち当り散らしたという話もある。

その時の御前会議に、

『伊藤公が留守だから、帰るまで暫らく発表を見合わしたら』

という者もあったそうだが、明治大帝は、

『いやそれには及ばない』

と仰せられてすぐに御決裁になったということを承《うけたま》わっている。

伊藤さんはどこまでも対露平和論だったらしい。対外的政策に関しては、伊藤さんと西園寺公とは大変よく似ている。

伊藤さんの考えをその侭《まま》継承して対外的の意見にしているのが西園寺公だ。だから日露戦争が終［わ］った時、ポーツマス条約を屈辱的条約だと云って世間で騒いだのに、率先してこの条約に賛成したのは政友会総裁の西園寺公であった。

兎《と》に角《かく》対外強硬論を唱えた父の意気込［み］は素晴らしく、城南荘で七博士と盛んに気焔を挙げていた。五百木《いおき》良三君が今でも主宰している政教社の『日本及日本人』［✣17］の人々もその一派であった。

支那に対しても、大きく手を握って行くという考えだったらしい。同文会を起したのもその一つの現われだが、清朝の末期の連中、例えば張之《ちょうし》洞《どう》、袁世凱《えんせいがい》などとは相当交遊があった。

政治に対する考えは、時代と共に変わるのだから、今父が生きていたらどういう政策を主張するかそれはわからない。西園寺公が明治二、三年頃洋行した時の日記がある。今、小泉策太郎氏が本にしているが、それを見ると、とにかく見るもの聞くもの珍しく、動物園や博物館にまでま

✣16——一九〇三（明治三六）年六月、ときの桂内閣の外交を軟弱として、ロシアに対する武力強硬路線（日露開戦）の選択を迫る意見書を政府に提出した東京帝国大学教授の戸水寛人、富井政章、小野塚喜平次、高橋作衛、金井延、寺尾亨、学習院教授の中村進午ら七人を指す。

✣17——一九〇七年に政教社から創刊された言論誌。当初は評論家の三宅雪嶺が主宰し、開明的国粋主義路線であったが、社の運営方針の違いから一九二三年に雪嶺が去ると右傾化する。一九三〇年からは対外硬派の五百木良三が社長となった。

るで小供《ママ》のように感心し、すっかりあちらに心酔している。岩倉大使なども向うへ行った時はそうだったらしい。

父が洋行した明治十八［一八八五］年頃は、極端な欧米心酔時代が過ぎてやや反動期に入って居た。その当時香港やシンガポールを通り、印度洋を経て行った感想を、日記を通じて見ると、白色人種の下に支那人、印度人など東洋人が虐《しいた》げられていることを非常に憤慨《ふんがい》している。日本でも一部の人は西洋崇拝からいくらか醒《さ》めて、国民的自覚が起って来ていた。だから鹿鳴館などの欧米心酔者に対抗して、谷干城《かんじょう》などが反対の急先鋒になっていたし、新聞では日本新聞などが国粋保存主義を唱えていた。

丁度そういう時代に父は洋行したのだから、始終、東洋を建設するという考えが、外国留学中も父の頭の中にあったのであろう。

そこが西園寺公などと違うところであった。しかし父の思想は、必ずしも、侵略主義ではなかった。ヨーロッパの勢力が、東洋に段々侵入して来ることに対して、日本は支那を指導し、これと提携して支那の領土保全をしようという。例えば大亜細亜主義と云うような思想がその根柢《こんてい》にあった。

伊藤さんとはそう言う立場の相違から、政治的には次第に離れて行ったが、大隈［重信］さんとは近かったようだ。何といっても当時は、父は二十歳時代から三十歳台だったから元気で非妥協的でもあったらしい。

それが段々老熟したものか、晩年には伊藤さんのいいところも認めるようになった。そのためか、絶交状態の伊藤さんが、父の亡くなる二、三ケ月前に自ら家へ訪ねて来られたことがある。ところがその時分、医者が誰にも面会を許さなかったものだから、折角伊藤さんが来たのに家の者が父に会わせなかった。後でそのことを父が聞いて、非常に怒ったことがある。

その時分の目白は、電車もなく自動車もないのに、見舞に来られた伊藤さんも、会えないで非常に残念だったと言っていたそうだ。

父が学習院の院長になったのは、実は自ら進んで任に就いたのである。つまり華族の子弟を教育するということに非常に興味を持っていたのである。

学習院にはその当時『華族の子弟はなるべく軍人になれ』という不文律？　があった。

父は『華族だからといって別に軍人にばかりする必要はない。華族には華族に適当した役目がある筈だ。軍人も宜《よろ》しいが外交官になることが最も華族に適する』と云うので、外交官養成ということを、一つの学習院の教育の目標にした。

その時分学習院は高等科がなく、卒業生は帝大に入学していたが、父は特に学習院に大学を作って、外交官養成の目的を達成しようとした。

中川良長君などは、この父の設けた大学の卒業生である。

ところが宮内省も現金なもので、父が辞めるとすぐその大学を廃止してしまい、それ以来今日までずっと学習院には大学部はないのである。

父は実際若くして死んだ。徳川前議長と同年だったから、今生きていれば七十幾歳だ。父の生前あまり親しく話す機会がなかったとはいえ、父への追憶は次から次へ尽きない。父の若くして亡くなったことは、私にしても心から惜しい気がするのである。

この頃思うこと

国策ということが近頃やかましく唱えられている。

国策は本来政治家が樹てるべきもので、軍部はこの国策に基いて国防計画を樹てるというのが本筋だ。

しかるに、今までの政治家は党利党略に没頭し過ぎて、大きな国策を顧みる暇がなかった様だ。また役人にしても例えば農林省は農村について、商工省は商工業についてそれぞれ専門的に調査もし研究もしているが、さてこれ等を有機的に統一して日本をどこへ持って行くかという綜合的の国策は立っていない。

外交方面またしかり、外務省には語学に堪能な外交事務に練達な人は少なくない様だが、真に大局を把握してる人はどれだけあるか、大戦後より満州事変迄の我国の外交は大体協調一点張りであった。協調もとより結構なのだが、しかしこの協調たるや当方には何等方針もプランもなく、ただ列強のいうことは是れ世界の大勢で止むを得ないとばかりに、ただこれに順応し追随して行くというのであっては軍部や国民が憤激するのも無理はないと思う。

そこで満州事変後は自主外交ということが頻《しき》りに唱えられ出した。これは従来の順応主義、追随主義に対して起［こ］ったのである。しかし自主外交といっても此方《こちら》は此方《こちら》、先方は先方という様に自分勝手で振舞うことであってはならぬ、此方の主張は極力相手に呑込ませて相手を出来るだけ此方の主張通りに引っ張って行くのが本当の意味の自主外交である。

これにはやはりこちらに確乎《かっこ》たる対外国策の方針があり、それが国家として統一的に動くようになっていなければならぬ。各部に統一なく、各自勝手に自主外交をやられたら堪《たま》らない。

目下《もっか》軍部の力が強いのは軍部にはとにも角にも、この日本をどこへ持って行くというはっきりした目標へとプランがあるからだと思う、その目標の当否は別問題だが――。

軍部では数年毎に国防計画を新［た］にしなければならぬ関係上、その計画の前提となるべき国策を常に考えてる傾《ママ》きがある。この国策は前にも述べた如く、元来政治家が考えるべきものだが、政治家が不勉強であり、役人も局部的のことにのみ頭を突込んでいる以上、軍部としてはどうしても自分自身で国策を考えなければならなくなるのだと思う。

今日内外の諸政ことごとく軍部に引きずられるという憤慨の声を聞くが、プランのあるものとないものとが出合えば、どうしてもプランのあるものが引きずるのは当然である。国策が軍人のみによって決せられればどうしても軍人本位の国策となる危険がある。これを考えたら徒《いたず》らに憤慨だけすることをやめて、政治家ももっと勉強しなければならぬと思う。

日露戦争前には何れの方面の主張も大体英国と結んでロシヤを叩くことに一致し、国策がちゃんと統一されていた。しかるに今日では各自がそれぞれ勝手に目標を作っている様だが、それでは世界大戦前の独逸と同じになる、当時のドイツは海軍は英国を目標とし陸軍は、ロシヤを目標としていた。ドイツの政治家はこの陸海軍の何れかの主張を抑えるか、或はドイツとして第三の道を択ぶべきであったのだが、それだけの力がなかった。ドイツの陸軍は英国が敵に廻るとは思いも寄らずベルギーの中立を犯したが、それを口実に英国が対独宣戦を布告した時は、ドイツの海軍は喜んだが陸軍は非常に驚いた。結局ドイツは英吉利《イギリス》もロシヤも皆敵に廻して惨敗したのである。

今日日本でいかに対外硬論者といえども、世界中を敵に廻わして戦うも可なりとなすが如き無茶な考えをもっているものはない。或は英と結んで露に対すべしといい、或は露と結んで英を抑うべしといい、帰一するところがないために、結果においてはすべてを向うに廻す事になる恐れが多分にある。私は戦前のドイツを想い、日本の現状を顧みて誠に寒心《かんしん》に堪えない。日本の国内は今どこを見ても対立である。

かくのごとき、対立と、矛盾とを内に抱いて、どうして、国際的のこの大難局を切り抜ける事が出来るか。今日の急務はこの対立を解消して日本の姿勢を立て直すことである。

エドワード・グレーの風格

❖信念、節操、気高い風格

一九一四［大正三］年八月四日の英国下院は、実に壮烈な光景を現出した。演壇に立った外相サー・エドワード・グレーは、満面に憂愁の色を湛《たた》え、一言一句沈痛を凋《したた》るで、白耳義《ベルギー》の中立を犯した独逸《ドイツ》の横暴を非難し、英国が最後の決意をもって起たざるべからざるの所以を力説している。議場は水を打った如くに静かである。一人の野次さえない。そして割れんばかりの大喝采をもって、グレーの主張は迎えられた。

最後通牒は発せられた。回答期間はその夜半である。その夜の倫敦《ロンドン》は異状な昂奮状態に湧き上った。市民は隊列を組んで、バッキンガム宮殿前の広場に押掛け、国家と皇帝との万歳を唱え、独逸に対する挑戦の意気と、祖国に対する熱愛の至情とを、遺憾《いかん》なく発揮した。喧々囂々《けんけんごうごう》として帰するところを知らなかった与論を、導いてここに至らしめたのは、一にグレーの力である。今まで極力非戦論を唱えていた労働党さえも、前言を取消し、挙国一致、強力内閣の出現を謳歌《おうか》するに至った。その間、グレーの心痛努力は容易なものではなかった。彼の頭髪は、数日間に雪の如く白くなったといわれている。

しかるに、唯一人グレーに反対したのは、ラムゼー・マクドナルドである。

『英国をして戦争の惨禍に陥らしめたものは、独逸にあらずして、むしろ英国の外交である。就中《なかんずく》三国同盟や三国協商を結べる外相グレーの罪である。国民は、戦争の罪悪とその惨禍とを知らねばならぬ。吾人は、英国の敗北を望むことが出来ぬと同時に、あの大国民たる独逸の負けることを祀《いの》ることも出来ない』

これがマクドナルドの論旨である。ために彼は、『非国民』、『売国奴』、『国賊』、凡ゆる罵詈《ばり》讒謗《ざんぼう》の雨を注がれ、あらゆる迫害を蒙り、数年の間全くこの世から葬り去られねばならなかった。

そのマクドナルドは、今や時めく労働［党政権の］宰相となった。彼の燃ゆるが如き信念と、何物にも屈服しない鉄の如き節操とは、彼をして遂に今日あるに至らしめたのであるが、彼が一世の毀誉褒貶《きよほうへん》を度外視して、極力非難攻撃したグレーも、また大政治家として尊敬すべき人物であった。殊にその教養あり、学識あり、気品の高い風格は、むしろマクドナルド以上に立派な政治家であるというても過言でない。

❖学識教養の高い人

グレーは貴族の出身である。その境遇にも因るのであろうが、英国政治家の中でも、学識教養共に高く、その生活も非常に雅趣《がしゅ》に富んでいる。一八九二年頃日本に来たことのある「ジョージ・」カーゾン卿や、最も永い政治生活をつづけた「アーサー・」バルフオア卿などと並び称せられる第一流の人物である。

若い頃はテニスをやった。しかし後年病を得てからは、一切のスポーツを断念して、専ら読書に耽《ふけ》った。

『政治家に最も必要なものは、想像力である』

そう云う意味から、彼は詩を愛読した。また常にギボンの羅馬《ローマ》史を手元に置いて繙《ひもと》いた。

『書物は乱読すべきでない。最も良い書物を系統止しく、熟読玩味すべきである』

グレーは、そう云う考えで読書をした。であるから彼は博識であると同時に、その知識がすべて一家の見識となっていたのである。

彼の著『二十五年間』を読むと彼の学識教養が規われるが、更に我々の感動する点は、彼の風格に謙譲と気品との存することだ。兎角《とかく》政治家は、政治上の事業は何でも自分がしたように云いたがるものだが、彼には毛頭そうした態度がない。またその広汎な学識を誇るような衒学《げんがく》的な素振りもない。読む者をして知らず識らず、その奥床しい気品に頭の下［が］るのを覚えてくる。と云って、唯趣味家の閑文字《かんもんじ》ではない。紙背《しはい》に流れる憂国の熱情や、火の如き社会的義務の観念は、儼然として読者の胸底を打つのである。

グレーは、世界大戦中外相を辞し、米国大使となって紐育《ニューヨーク》に行った。その頃ハーバード大学に招かれて、学生に講演をした事がある。演題は『静養』というのであるが、その筆記には、こんなことが書いてある。

『政治家として欠くべからざることが四つある。一は、道徳的基準を厳守する事。二は、円満なる家庭生活を営むこと。三は、自分の存在を社会的に意義あらしめる仕事をすること。四は静養である』

この四箇条は、政治家はもちろん、すべての人の厳守すべきことである。グレーは自らこれを行い、政治家としての偉大なる風格を養い上げたのである。

この四箇条中、特に考うべきことは、最後の静養である。講演の題目とその大部分とがこの静養についてであった。

しからば静養とは何か？

❖自然に親しむ人

グレーは、それについて面白い話をしている。グレーがまだ外相就任中のある日であった。駐米英国大使ゼームス・ブライス子爵から、一通の手紙を受取った。何事であろうかと開封して見ると、こんな意味のことが書いてあった。

『現米国大統領［セオドア・］ルーズヴェルト氏は、近くその職を去るや、阿弗利加《アフリカ》を経て欧羅巴《ヨーロッパ》に赴く予定である。英国へは春の頃訪れ、陽光麗《うらら》かな山野で、鳥の声を聞きたい。ついては、その道に明るい人に案内を請いたいといっている。閣下は兼《かね》て鳥に趣味を持たれているから、最も適任者と思う。もしルーズヴェルト氏が行ったら御案内を願いたい』

これを読んだグレーは、非常に嬉しく感じた。世界でも最も有力な国の元首が、鳥の声を聞くが如き、単純なそして健全な趣味を持っていることは、グレーの興味を惹き起さずにはいなかった。そこで早速、承知した旨の返事を書いて送った。

それから二年の歳月が流れた。

ルーズヴェルトは、予定の如く阿弗利加《アフリカ》を経て欧羅巴《ヨーロッパ》に入り、春風駘蕩《たいとう》の頃、霧の都倫敦《ロンドン》に来たが、何しろ前米国大統領であるから、到る処で最高級の歓迎を受け、その日程は細大洩らさず、各新聞に発表されていた。

その多忙中、殊に年月も経っている、鳥の声を聴くことは、もう忘れているだろうと思うと、そうでない。ルーズヴェルトは宿所の主人がグレーの友人であるを幸い、先年の約束を実行したいと申込んだ。グレーは、驚いた。しかし非常に喜んだ。そして早速、ルーズヴェルトを訪れて、万端の打合せをした。

二人はウオーターローの停車場で落合い、そこから閑寂な田舎の山谷を馳走《ちそう》しようというのであった。

処がそれを聞いた新聞社は、俄《にわ》かに色めき立った。

『前米国大統領と現英国外務大臣とが、二人きりで鳥の声を聴きに行くとは、近来にない特種だ』

それ行けとばかり、我も我もとウオーターローへ押掛けた。それにはグレーもルーズヴェルトも辟易《へきえき》してしまった。折角の清遊も、秘密外交の如く邪推され、新聞記者に包囲されては、何の興味もなくなってしまう。

『何うか諸君は帰って頂きたい。そして二人限りで鳥の声を聴かせて貰いたい。……鳥にしても、諸君の写真機で撮影されたり、諸君に訪問されたりすることは、甚だ迷惑するであろう』

二人は、交々《こもごも》こんなことをいって、漸《ようや》く記者団の尾行を断った。そして二十時間、全く世界から姿を消したのである。

❖静養はすなわち修養

その夜二人は、ある村の旧家に泊った。この家族は、十七世紀のゼームス一世時代から連綿としてその地に棲んでいるものであった。村の者も、またその家族自身も、それを非常な矜《ほこり》としている。

『しかし、この家族よりも、更に旧いのは鳥の声である。恐らくはアングロ・サクソン民族の旧い旧い祖先も、ノルマン人も、我々と同じ鳥の音楽に耳を傾けたことであろう』

ルーズヴェルトは、そんなことを云った。その言葉や思想は、立派な詩人である。猛獣狩で有名な彼は、殺伐粗野《さつばつそや》な奮闘家の如く思われもするが、孰《いず》くんぞ知らん、かかる優しい同情心や感受性に富んだ人であった。

二人は終日を、花咲く春の野や、静寂な森や谿間《たにま》を逍遥《しょうよう》して、思う侭《まま》鳥の声に聴き惚れたが、グレーを更に驚嘆させたのは、ルーズヴェルトの有《あら》ゆる鳥に関する知識が極めて豊富なことであった。英国特有の鳥の名でも、ちゃんと知っていて、天晴れ鳥類学者であった。

もちろん政治の話もした。詩や歴史や趣味の話もした。しかしそれは新聞記者の想像したような秘密外交ではなく、奥床しい一日の清遊であった。

ルーズヴェルトも偉いが、現在繁忙な外務大臣の椅子にある身をもってして、二十時間を割いて、自然に親しむグレーの風格にも、普通の政治家などには見られない高雅な気品があるではないか。

グレーが、政治家に必要な第四条件として、静養を説いているのは、それである。事務や思索に疲れた心身を静養させるには、スポーツも良い、読書も良い、或はかくの如く自然に親しむのも最も良い。唯、俗悪な遊戯や、野卑《やひ》放縦《ほうじゅう》な行為をしては、真の静養にはならない。蓋《けだ》し静養とは、身心の気力を恢復《かいふく》しつつ、自己の品格を高めることであるから、日本の政治家にも、西園寺公の如き清雅な生活をなす人もある。犬養木堂［毅］翁のように学識卓抜にして、趣味円満な人もある。仏蘭西《フランス》には、虎宰相クレマンソーの如く、暇さえあれば自動車を駆って、慰安を求めた人もある。

人の風貌が、それぞれ異［な］る如く、その静養の方法も異［な］るであろうが、グレーの如きは、すべての人の模範となるべき人物ではないかと思われる。彼の生活を見れば見る程、ことごとく真の政治家として具《そな》うべき理想の条件を具えている人の如く思われる。そしてかかる政治家の多く存する国では、その政治も清浄である筈だと、痛切に感ずる。

（昭和五［一九三〇］年五月）

第二篇　渡米二月記

ワシントン印象記

私のワシントンにおける滞在日数は極めて短かった。しかも予定されたプログラムの内［、］午餐会、晩餐会等、社交的会合が余りに多かったため、個人的に打ち解けて自由に懇談する機会が少［な］かったのはやむを得ない。又、私の親しく会見した人々が概ね日本と縁故のある人か、又は比較的日本を諒解せる人々であったため、彼等の表明する意見がただちにアメリカの各方面を代表せる率直なる意見であるとは解せられない。しかしながら少なくとも次の事実だけは敢えていうことが出来よう。

アメリカ人全体の空気から見れば、日本がアメリカに対し考えている程に重大に、アメリカは日本並［び］に極東を考えていない。政府においても極東問題の具体的解決に乗出すには余りに国内問題が多過ぎる様である。日本が満洲において取った行動については、各方面とも静観又は黙認の態度を取って居る。或る有力なる人々の如きは、満洲の問題は最早実質的には解決済みだと述べている。換言せば、アメリカの権益を害さない限り、日本が満洲国において何をなそうともアメリカの関知するところでないとの意見である、また極めて一部の人々ではあるが、満洲国の承認は単に時期の問題だとさえ断言し、中には事実斯《か》くなった以上、速［や］かに承認した方が極東の平和をはかるためにはよいとの意見を有しているようである。

しかし、だからといって、アメリカが近き将来に法律上満州国を承認するだろうと見るのは必ずしも当らない。アメリカの有力者は満洲問題を以て解決済みだとの意見を有すると共に、一方支那に対し日本が如何なる態度に出るかにつき［、］むしろ神経質的なほどに警戒しているのは注目すべきである。中には、日本は支那の経済的利益を独占するが如き事あれば、アメリカは決して黙してはいないとの意見を率直に表明した人もある。しかし日本の安定的勢力については積極的に反対する意見を聴かなかった。唯これを主義として認めるか否かについては、アメリカは南米諸国並に国際連盟に対する考慮から、なるべく問題に触れないことを希望しているようである。アメリカは満洲事件以後、極東問題に特殊の興味を感じつつあり、従来の如き単純な理論だけでは極東問題を審議解決する基準とならないとの考え方が一部の人々を支配し来ったようである。

アメリカが一時の如き偏った態度を示さなくなったのはこれがためであるが、さりとて日本の立場を真に認識しているとは考えられない。例えば今日なお日本の満洲における行動が一時的な政治情勢の結果と見て、或は将来経済的に行詰るべしとの観測を有している。日本の動かすべからざる国策なる所以を彼等が真に理解するまでには、相当の時日を要するであろう。私は着米劈《へき》頭《とう》の演説において述べたるが如く、日米の親善は、アメリカ人が『革新期における日本』即ち向上のために重大なる決意を以てスタートを切った日本を深く認識することによって可能であろうとの信念を、今日においても変更する必要を認めない。ルーズヴェルト大統領並［び］に［コーデル・］ハル国務長官は日本及び日本人に対し相当なる理解と好意と寄せているようである。日米の親善と支那を確保することを希望していることは疑いを容れない。

（昭和九［一九三四］年六月十四日）

ニューヨーク感想

ボストン及びニューヨークのプログラムにおいて私は実業界、学界、評論界の有力者と懇談する機会を多く持った。この懇談において私はワシントンにおけるよりも比較的自由な空気の中に率直な意見を聞き得たことを喜ぶ。今日これ等有力者が日本について最も関心を抱いている問題はその政治的動向についてである。

これ等の内には、日本の政治が軍部によって支配されつつあり、然も国民は必ずしもこれに信頼を有せずとなし、軈《やが》ては政党勢力の復活すべきを予想し、又これを期待せるが如き見解を有する者もある。極端なる意見としては、日本の政治情勢が戦前のドイツに彷彿《ほうふつ》たるものあり、第二のドイツとならざるよう警告せる者もあった。

これに対し私は日本の政治が単に軍部の力のみによって方向づけられているものではなく、戦前当時のドイツの軍部と日本の軍部との異［な］る所以《ゆえん》を力説せるところ、これを意外とせるようである。彼等は戦後の世界平和機構並［び］に維持に関する原則が今日なお厳として存せりと信じている。しかして、日本が極東においてとった政治的活動はこれが破壊に等しいとの意見を暗に有している。彼等はロシア及び支那と隣接せる日本に同情は持っている。しかし一部には列国の政治的経済的不安に乗じて日本が将来支那に対し、更に積極的な侵略政策を実行するのではないかとの危惧の念を抱いている。他の人々といえども日本の極東政策が少［な］くとも明朗さを欠いているとの非難には理由ありとしている。

彼等が欧米流の考え方に立って極東を見る時、彼等のいわゆる平和原則と日本の主張との間に甚だしき懸隔《けんかく》があるに驚けるもまた止むを得なかろう。しかし彼らはその懸隔あるが故に又現存の原則を破壊し、その故をもって日本を圧迫し干渉する必要ありとは考えていない。もっとも彼等もかつては列国と協調して日本を圧迫することを至当と考えたかも知れないが、連盟の無力さが暴露され、列国が積極的態度に出づることを好まない現状において、アメリカが日本圧迫の矢面に立つべき理由なしとしている。

殊に注目すべきは、一部の人々の間に、彼等の信ずる原則が或は極東の新情勢に適せぬのではないかとの疑惑を持ち来ったことである。これがため彼等の多くが原則論よりも極東の事実を再認識することの必要を感じ始めたことは喜ばしい。しかし、だからといって彼等が原則論を拋棄《ほうき》したのではない。彼等は飽《あく》まで原則を尊重する。従って、彼等は私に対し、日本が新原則を主張するならば彼等の十分諒解し得る程度にこれを明示する必要ある旨を勧告している。しかしてこの明示なき限り、彼等は従来の原則を是なりと信ずる外なく日米間に屋上屋を重ねるが如き平和条約の締結をなすべき理由無しとしている。

すなわち彼等の見解によれば、従来の原則にして誤りありとすれば、それを指摘しこれに代るべき新原則を樹立する責任は日本にあり、斯《かか》る日本の提案に対して列国が考慮すべき立場に置かれているとのことである。天羽《あもう》声明［✤18］については、列国が支那と経済的又は技術的に援助するは合法的かつ合理的であって、これを非難するは諒解に苦しむとなしており又現在南京政府の執りつつある経済政策は、アメリカ人一般の首肯し得るところだと述べている。

これに対し私は列国の対支援助の動機が経済的理由によるとするも、支那の現状の下においては排日政治家が政治的に利用するところとなり、列国の期待とは全然異［な］った結果を見る虞《おそ》れある点を指摘し考慮を促した。

軍縮会議に対する意向は必ずしも一致していない。専門家は現行比率において日本が極東における優勢を十分確保し得ると述べているが、一般的には日本の比率変更の主張は全然理由なしとは考えていない。或る外交専門家は海軍国間の主張に懸隔がある以上、徒らに比率主義に係らず、又現行協定に束縛されず、将来国防上必要とする建艦方針を示せと提唱している。又軍縮と政治問題との関連性については必ずしも絶対不可分との意見には一致していない。しかし可分《かぶん》なりとする者も、その政治的状勢の安定を前提とす、との条件を付している。

（昭和九［一九三四］年七月一日）

在米邦人と語る——桑港《サンフランシスコ》日本人歓迎会における演説

私は今日着米匆々《そうそう》の際、この桑港——太平洋の関門たるこの桑港において、先ず邦人諸君より斯の如き熱誠なる御歓迎を受くることを衷心より欣快《きんかい》としかつ光栄とするものであります。

私は当地は始［め］てでありますが、米国訪問は是れが二回目であります。第一回は大正八年即ち一九一九年大戦直後の欧洲を見ましての帰途、紐育《ニューヨーク》よりシャトルへと大陸を横断致しまして帰朝したのであります。その時から既に十五年の歳月が経過致しました。私の米国に関する知識と経験とは斯の如く頗《すこぶ》る古くかつ少［な］いのであります。

この十五年の間において米国には非常な変化が起［こ］って居ります。国内的に見ましても国際関係から見ましても又政治的にも経済的にも非常な変化であります。しかしてこの大変化が諸君のこの地における政治的並［び］に経済的地位に及ぼしたる影響は甚大なるものがあったろう

✣18——外務省情報部長を務めていた天羽英二が一九三四（昭和九）年四月に行った、日中の特殊な関係を考慮すれば列強による中国援助には反対せざるを得ないとする非公式声明。満州事変以降、日本の大陸進出に警戒を強めていた欧米は、この声明を日本が東アジア地域における「モンロー主義」を宣言したものと受け止め、強く反発した。

と御推察致すのであります。実に米国はこの十五年間において国際的に見れば世界における最有力なる国家としての存在を確立したのであります。又国内的には世界史上比類なき繁栄の時代から激烈なる恐慌の襲来によって深刻なる不況の時代に変化したのであります。恐らく諸君の大多数は御当地に御出でになって、この大変化を親しく目撃せられ親しく経験せられたことと思います。

この十五年間における大なる変化の歴史の中において、御互私共に取りて今なお御同様遺憾の記憶を喚起するものは、かの排斥移民法［✤19］の成立したことであります、日本がいわゆる紳士協定に依りて自発的に移民を制限し来た多年の努力を無視してこの法案を成立せしめたことは、唯に我帝国の威信に関する重大問題である計《ばか》りでなく、世界の大国たる米国自身に取りて決して名誉の歴史ではないのであります。

私は正義を重んずる米国民が、必ずやその非を悟るの時期が近き将来にあると云うことを諸君と共に期待し［、］かつ祈るのであります。

日本と米国との関係は、単に経済上・貿易上よりこれを見ましたならば、互恵的であり、相互依存的であり、いわゆる有無相通ずる関係であります。随《したがっ》て単にこの方面より見る時は、両国の関係は益々親密にこそなれ、そこに衝突すべき何等の原因をも見出し得ないのであります。よし又たとい衝突すべき何等かの原因がありとしましても、その衝突が単なる経済的数字的利益の衝突であるならば、これを調節する道はいくらでも発見し得られると思うのであります。
しかしながら私は日米両国の関係を全体として観察する時、そこに単なる経済的物質的関係以外のものが存在することを感ずるのであります。おおよそ何れの国家もその国の歴史伝統を背景とする国家的使命を持って居るのであります。しかしてこの使命に基いて世界政策を確立して居るのであります。この見地《けんち》より見る時、米国の太平洋及亜細亜において有する帝国的地位と日本の極東における地位とは必ずしも円満無碍《むげ》なる調和的関係にありとは断ずるを得ないのであります。

我々は米国が世界に誇るべき文明をもって、その建国の使命を遂行せんとするに対して充分なる敬意を払わねばならぬのであります。しかしながらそれと同時に、我国は又我国で我国独自の文化を有し、我国独自の使命を果すべく進まなければなりません。しからば我々は其調和をどうして図ったら宜しいか、私は日米両国の調和親善は、御互〔い〕にその立場と使命とを尊重し、互〔い〕に他の伝統と歴史と文化に対し理解を深めることによってのみ達成せられると思うので

✣19——一九二四（大正一三）年七月一日にアメリカで施行された「一九二四年移民法」のこと。日本では「排日移民法」とも呼ばれる。アジア出身者の全面的な移民禁止が盛り込まれており、日本人だけをターゲットとしたものではなかったが、かねてアメリカ政府に日系移民への排斥を行わないよう求めていた日本政府に衝撃を与えた。

あります。しかして諸君の持って居らるる地位は、この意味における帝国の親善と理解とを進める上に大に役立つものである事を固く信ずるのであります。

日本内地の事情は諸君すでに十分御承知の事と思います。我等の故国日本は今非常なる変革の過程にあるのであります。一昨年起［こ］りました五・一五事件を始め、その他の事件はその直接の原因を求むれば、或は倫敦《ロンドン》条約にあるかも知れません、或は政党財閥の腐敗にあるかも知れません。

しかしながら是等は単に直接の誘因たるに止まるのであって、結局は日本の社会が従来の秩序のままでは立ち行かなくなった。従来の秩序に対して根本的の改革をなすを必要とするに立ち至ったと云う所に深き原因があると思うのであります。しかして又是と同じ事が日本を環《めぐ》る国際環境においても言い得られるのであります。

すなわち日本は今内外共にこのままでは立ち行かなくなった。何とかせねばならぬ境遇に置かれて居るのであります。これ或は非常時と呼ばれ或は危機と呼ばれる所以《ゆえん》であります。

しかしながら我々はこれに対して少しも危惧し憂慮するには及ばないのであります。私は今や日本民族が一大躍進をなすの秋《とき》が来たことを思うのであります。我々の父祖は今年より丁度八十年の昔、かのペルリ提督によりて鎖国の夢を醒まされた時、内外非常の難局に直面したのでありますが、よくこれを切り抜けて明治の聖代を現出したのであります。しかして今日の日本国民精神の緊張せることにおいて、その民族意識の昂揚せる点において、正しく明治維新の当時を想わしむるものがあるのであります。

私は常に海外に居らるる諸君が遥に故国日本の姿をふりかえって見らるる時、往々にして或は失望し或は落胆せらるることがないとも限らぬと思います。なる程個々の事柄について言えば悲観すべき材料も決して少［な］くはありません。しかしながら大局から見れば、今や我々の故国は第二の維新に向ってその雄々しき歩みを始めたものであると云うことを御諒解願いたいと思います。

終［り］に臨んで重ねて今日の御歓迎を謝し、諸君の御健康と御活動とを祈って已《や》まぬ次第であります。

（昭和九［一九三四］年五月）

米国より帰りて

私の眼を通じて見たアメリカ、アメリカを見た眼で顧みる日本、これは色々な意味で新しい問題を提出している。私は去る五月以来ワシントン・ボストン・ニューヨーク・シカゴ・サンフランシスコの各地で、朝野の人士と会見して懇談を重ねた。抽象的な話題に終始した場合もあるが、日米両国間に横［た］わる諸種の問題については、ほぼ隔意なく意見を交換し得たと信ずる点も少［な］くない。これらの点に関する私の所見を以下簡単に述べて見よう。

話を進める順序として、満州国の問題、対支問題、海軍々縮問題、平和機構の問題、日露の問題、移民問題、経済問題、に別けて述べ、最後に米人の観る日本と、日本としてとるべき道に触れたいと思う。

❖満洲国の問題

満洲国に対する見解においては、依然としてスチムソン・ドクトリン［❖20］が原則的に認められている。例えば大戦以来の平和機構は米人が最善と考えるところであって、日本をもってこの破壊者となす観念は相当深刻なものがある。［ウィリアム・V・］プラット提督はワシントン条約を論議するに際してはその一部分として九ケ国条約、即ち支那保全問題を想起せねばならぬと説く（『フォリンアッフェアズ』本年七月号）が、これも右の空気の一つの反映であろうと思う。現状として云えば、既成の事実として、一種のあきらめをもって静観しているというのが妥当であるが、法律的に承認しているのではない。大体アメリカでは満洲国問題についてはこの法理論が優勢である。その代表者として国務省極東部長［スタンリー・クール・］ホーンベック氏を挙げることが出来る。氏は国際法の権威者として有名である。極東部長を十年も務めて居て相当一貫した理論の所有者であり、［フランクリン・］ルーズヴェルト大統領にしても［コーデル・］ハル国務長官にしても外交、ことに極東事情についてうといため、彼が極東政策の決定における有力な一人をなしている。官辺においても、言論界においても彼の意見が重きをなすことは、この種の法理論が有する力を示す一証であろう。しかしこの不承認ドクトリンということは、満洲の事態に力をもって干渉することを意味するものではない。一般には、これをもって、米国自身の国際政策の宣言に過ぎざるものと解している。したがって不承認主義が平和への障害をなすという事は未だ考えていない。私がH大佐［✤21］にこの問題につき政治的解決を必要とする意味を説明した際、彼は意外の面持［ち］をしたのであった。とはいえ、これに反した意見もある。

✤20——一九三二年にアメリカの国務長官ヘンリー・スティムソンが公表した覚書。第一次世界大戦の反省から、紛争を平和的手段で解決することを規定したパリ不戦条約（一九二八年）に反する行動を一切認めないとして、満洲事変によって生じた中国大陸における日本の勢力圏の変化の承認を拒否した。

✤21——ウッドロウ・ウィルソン大統領の外交ブレーンだったエドワード・マンデル・ハウス大佐。一九一七、八年にかけて彼が主宰した第一次世界大戦後の戦後国際秩序検討グループは、一九二一年に超党派の外交問題分析機関、外交問題評議会（Council on Foreign Relations：DFR）へと発展改組される。本書六三、一七七ページも参照。

満洲国不承認原則が海軍問題の解決及び太平洋の平和維持を困難ならしめるようであれば、承認をしても海軍問題は解決されねばならぬという考えが一部にある（『ニューヨーク・デイリー・ニューズ』）ことは注意していいであろう。また帰途シカゴで逢った前副大統領のD氏[✤22]が、日本の政策を称讃して『日本のような国がなければ東洋は駄目だ。米国とメキシコの関係は満洲と日本の関係によく似ている。もしメキシコで満洲のような事が起ったら、米国は日本と同様な、否或はより以上の手段に出ることが必要だろう。そこへ行くと日本のやり方はまだ手ぬるい位だ』と語ったものである。かつて支那の関税会議へ米国代表として出席したサイラス・ストローン氏は、次期大統領候補者の一人と目される共和党の有力者である。この人ともシカゴで会談したが、彼の考えもD氏に似ていることを知った。

極東における日本の地位、極東における安定勢力の承認はモンロー主義とも云えよう。この承認は必ずしも絶望ではないが、極めて困難な仕事である。斎藤大使が今度行かれて余程努力されたなら出来ないことはあるまい。

アメリカ在留の邦人の中には次のような意見があった。それは昔のモンロー主義を東洋に認めるということは、多少、米国自身にとって矛盾したこととなるように考えられぬこともないから、要は極東における特殊事情にもとづき満洲国を承認せしめることを主眼として、日米親善工作を進め、爾余の問題、ことに支那本部の問題にふれて不必要な疑惑を招くことは避けるべきであるというのである、一つの意見と見てよい。とにかく東洋問題を繞《めぐ》る日米両国民の心理的距離ということは、注意すべきであろう。

❖支那問題

広田・ハル交換文書によって開かれた日米親善傾向が好感をもって迎えられていただけに例の天羽声明はこの傾向に遽《にわ》かに一つの頓挫《とんざ》を与える結果となったと解され、一般に遺憾《いかん》とされている。それはこの声明が、日本が支那における排他的独占的支配を確保しようとしているかのごとくに誤解されたからである。一体米国は、満洲国の問題については上述のごとく、既に終った事として仕方がないと考えている。しかし支那本土に対して如何になす気であるか、日本の対支政策の限界が那辺《なへん》にあるか、このリミットがどこにあるか。それらが日本によって明示されることを米人は切望している。ニューヨークでモルガン商会のきけ者A氏やL氏に逢ったが氏らの関心は全くここにある。ことにL氏は何故日本は現在の南京政府及びそれに関連する国際連盟の技術

❖22——この年はフランクリン・ルーズベルト政権の一期目にあたり、その前のハーバート・フーヴァー政権の副大統領はチャールズ・カーティスである。ただし、イニシャルがDであることから、フーヴァーの前任であるカルヴィン・クーリッジ政権の副大統領チャールズ・ドーズ（Charles G. Dawes）を指す可能性も考えられる。

的援助を排斥するのか理解が出来ぬと云っていた。彼らは日本との共同によって対支財政援助を復活することを熱望しているのである。丁度、私がゆく直前に連盟のライヒマン氏〔✣23〕がニューヨークを通過したのだが、彼の所説は大いにA氏やL氏を動かしたらしい。彼等に限らず一般に米国の中産階級や知識階級は、支那経済恢復に関するライヒマン報告を頗《すこぶ》る好感をもって迎えて居り、日本はこれに反対すべき理由がなく、却《かえ》ってすすんで共同すべきだと信じている。支那人のいうことは大いに彼らにアッピールする所があると見える。私は、対支経済技術援助が東洋の平和に好果を与えないこと、棉麦借款《めんばくしゃっかん》に伴う政治的結果等について具体的事実をあげて大いに説明した。その当座はやや理解したように見えてもどうも、本当の理解はできないらしい。L氏のごときは相当東洋の事情に通じている筈だからわかりそうなものだが、やはり日本が東洋を独占したがっていると言った疑惑を懐いているらしく、諒解は仲々困難である。この点につき日本の支那観を徹底的に理解せしめる事は極めて必要に属し、なお一段の努力に俟たねばならない。

❖海軍軍縮問題

ワシントンでは外交的会合が多く、ことに海軍問題について論議する機会が少なく、国務省及び海軍関係者とはほとんど会談しなかった。海軍問題については技術的知識は、一般の間では日本に比して低い。

わが国の軍備の自主権尊重に基［づ］く平等権の要求は、絶対的な総トン数艦種別の平等のように解されている。つまりパリティー（均等）宣伝がゆきすぎ、その真意を誤ってイクオリティー（同等）と解し、日本が何でもかでも現有勢力以上に軍備を拡張することによって英米との均等に達したがっているものと考え、これは無理ではないかと云って、日本の現行比率撤廃要求に反対している。だから、日本の要求は技術的でなく理論上の平等権の要求であって、この自主権の下に如何なる細目的方針を考えているかは未だ公表しない所である所以を説明しても、結局はこの理論上の平等的自主権が数年の後には絶対的平等権と択ぶ所がなくなると考えて反対するのである。

現行の5・5・3の比率を撤廃して、5・5・3の新比率を認める事になると、極東における日本の地位が躍進的に強まることになると云う。日本は極東の安定勢力（広田外相演説）だというが、その要求の限界を安定せねば真の安定はないとも云う。のみならず、現在の比率は防備問題協定（四国条約その他にもとづく）の上に認められているという建前から、比率の撤廃は政治的協定自体の改訂を惹起するに至るという。

✤23——国際連盟で一五年にわたり保健（衛生）部長を務めたルートヴィッヒ・ライヒマン（L. J. Rajchman）は親中派として知られた。一九三四年に連盟に提出された対支技術援助に関する報告書が通称「ライヒマン報告」である。

戦艦、一万トン級巡洋艦、航空母艦、潜水艦等の各艦種夫々の国防的意義、その攻撃性と防禦性、各国特殊事情にもとづく艦種別制限、建造費等の技術問題については、たとえばプラット提督の見解がほとんど代表的であると見てよい。外に変［わ］った意見は見当らなかった。一般の間ではこの種の問題については、上述のごとく技術的知識も乏しく割合に冷淡に取扱われている。ただ頭から均等を拒否したがっている。

しかしここに注目すべき現象がある。それは来るべき海軍軍縮問題を決裂に終［わ］らせないようにするために、いかなる方針に則って討議を進行せしむべきであるかという事に努力する有力者の一団がある事である。たとえばダレス氏の意見によると、比率というような国家的面目に関する問題はしばらく論議の外に置き、各国がその必要とする製艦方針を持ち寄り、これを基礎として討議を進行せしめる方が得策でないかと云うのである。この見解は要するに、各国の要求する必要量がそれぞれの国防的及び財政的条件によって新たなる比率に到達するであろうという予想をもっているのではなかろうかと思われる。

❖平和機構の問題

先にも述べた如く、アメリカの世論は、ワシントン会議及びその後の国際平和に関する原則とその機構の存在を確信し、日本は満洲問題においてこの基本的機構を破壊し去ったとして、いたく日本を非難する。

ところが在来の平和機構を余りに普遍的に考え、機械的にこれを東洋にも適用しようという傾向について一つの反省的現象が近来見受けられる。たとえば『エンパイア・イン・ジ・イースト』誌に掲載されたタイラー・デネット氏[✤24]の論文『アトランテイック・マンスリー』七月号のラテイモア氏[✤25]の論文("Open door or Great wall?"――氏は有数の蒙古《もうこ》及〔び〕支那通である)のごときはその一表現であって、これらはもとより与論を指導するに至らないが、米人自身の中にかかる観方もあるという事を反省せしめる上において促進する所があると思われる。

話は平和原則の問題に返るが、政治協定云々の問題があるから、簡単に関説《かんせつ》すれば先ず次のようである。即ち一般には、この原則が極東の事情に適しないとならば、先ず日本において極東の現実に立脚した新原則を樹て、アメリカ人に十分諒解できる程度に明示する必要があろうと云わ

✤24――タイラー・デネット(Tyler Dennett 一八八三-一九四九年)はジョンズホプキンス大学の歴史学教授で、極東研究家として知られた。原著では「タイラーデネット」と表記され、姓名を区切る「・」がない。
✤25――オーウェン・ラティモア(Owen Lattimore 一九〇〇-一九八九年)はアメリカの中国研究者。アメリカの対中政策の形成に深く関わり、後に蒋介石の私的顧問となったことでも知られる。

れる。これを明示しない限り日本は旧原則を認めるに等しく、これを依然として認めながら事実上これに反することがあってはならぬ。新原則をアメリカ人に明示することなく、このままで、日本とアメリカの間に新しい諒解や協定をなす事は屋上屋を架する事となるによって、協定にはまず大本から決定しなければならぬ。アメリカ人の抱懐する平和原則に誤があれば日本はこれを指摘し、これに代るべき新原則を提示する義務がある。米国や列国は日本側からの提案に俟《ま》って、始めて新原則の考慮に入るのが至当であるというのが、その態度である。これは誰も明言しているところではないが、大体の態度として左様に考えられるのである。

かくの如き状勢の下では、日米間に外交上の新協定に入る事は一応困難でないかと思われる。もしアメリカが日本一国を相手として政治協定に応ずる可能性があるとすれば、従来の米国の与論を動かし得べき有力な政治家が、日本との間に新しい協定が必要だという意見にならねばいけない。現在のところでは、従来の外交工作の範囲や方法ではこの事は極めて困難であろう。

❖日露関係

米露復交後のワシントン外交団におけるロシア側の異常な活動はかねて聞いていたが、私は上陸早々から不断に日露開戦説を聞かされた。これはサンフランシスコだけでなく、シカゴでもニューヨークでもほとんど決定的のように云いふらされていた。しかもこれはロシア側の宣伝に関連しているようである。ロシアの平和政策の宣伝は仲々行きとどいている。そこでアメリカ人の間では日露戦争が起［こ］る場合、それは日本のイニシァティヴの下に行われるものである事、ロシアは平和政策に終始していて、ロシアの方から積極的に仕掛ける事はないという印象が一般に強まっている。これに対して私は相当に誤解を解いたつもりである。どちらかと云えばロシア側の宣伝がゆき届いていて、日本陸軍の動向には相当注意が払われているが、日本がウラジオストックを近くに控え、満洲国も国境を接しているため軍略上苦しい立場にある事については識者は非常に同情している。

❖日米経済関係

日本商品の進出については色々の議論を生じている。たとえばU・S・スチールのスコット氏のごときは、日本商品の廉価を、単純に生産費以下の投売《なげうり》、即ち通常のダンピングと見るものであって、いわゆる『ソーシアル・ダンピング』と考えるものは尠《すくな》いようである。しかし学界並びにニュー・ディールの下における政治家行政官の中には、生産費の概念を更に分析する必要ありとして、単にダンピングと非難するのは当らないという人もある。

日米両国の経済的関係が全体的にみて相互補依の関係にあって、根本的対立を生ずべき根拠がないという点から、両国の産業関係にある程度の調査を加える可能性を主張する人もある。両国が互に自国に不適の産業、自国の労働、資本の運用に多くの価値を齎《もたら》さない産業自給の政策を廃して相互に通商上の統制を企図する事を得策とするものとして、日本の製粉事業と米国の絹織事業を挙げ、今後における一つの途《みち》として暗示する向《むき》もあった。

❖移民問題

日米関係の改善問題について、米国側は消極的であってほとんどイニシァティヴをとらぬ立場にある事は上述の通りであるが、移民問題とフィリッピン問題はこの例外である。尤もこれとて相反する議論もあり、必ずしも与論が一致しているわけではない。しかし大体から見れば、移民問題については米国として申［し］訳がないと云う気分になっている。米国の知識階級は、移民問題は実質的に日本の人口問題の解決に役立つものではないが、日本人に及ぼす心理的影響の大なる点からみて、日米親善のジェスチュアの一として、是非とも早晩解決しなければならぬと感じているようである。

❖日本の政治的動向

故［ウッドロー・］ウイルソン大統領の政治顧問であり、パリー媾和会議でも相当活躍したH大佐のことは、過去の人としてしまう意見もあるが、松岡洋右《ようすけ》君の云う所では、民主党の有力者の一人であり、ルーズヴェルト大統領の助言者であるから一度逢ったらという事であった。この人と会ったところ、最近では松岡君以後に訪問した最初の日本人として迎えて呉れた。パリー会議に［エリフ・］ルートや［ウィリアム・］タフトを送ったならば、米国は連盟に加入したであろう。これをなさなかった事は同会議最大の失敗であったと彼は云う。世界大戦の四年前欧洲に遊び、カイゼルなどにも逢ったが、このままで進めば英独の衝突は不可避であって、大戦近きにあることを予言したのも自分だ。ところがこのままでゆけば日本は第二のドイツとなる危険がある。現代の世界はイタリーを除けばガヴァメントがない。いわば一種の革命時代に入っている。この機に乗じて日本は極東でエライ事を画策しているというのが、彼の意見である［。］ハワード氏のごときも類似の見解を有している。

要するに日米関係の改善という点から、日本の政治的動向を重要なる一要素と考えて注視を怠っていない。ところが単に外交政策に現れた一定の方針のみに注意し、その内政上の理由に至っては考える者は稀である。日本の内政事情、軍部の地位などについてはほとんど知られていない。したがって見当違いの観測も尠《すくな》くないわけである。

❖日本を理解せしめよ

このH大佐のところへは支那人が隔日に来る。一ノ日本人は全然来ない。したがって一方的な情報がどうしても多く入ることになろう。これに限った事でないが、日本の宣伝不備と相俟《あいま》って米人が日本の真相を知らぬ事は甚だしいものである。富士山や日光が芸者ガールの日本、つまり封建時代の日本しか知らない。だから日本には電車があるかというような質問もする、日本はおくれた国だと感ずる。一面には米国にあるものを日本に求めるという事は興味の少［な］い事かも知れないが、たとえば最近の日本工業の進歩を見せたら、日本の今日がはっきりしてどれだけ効果があるか知れない。その一つとして、休暇などに彼我の学生を交換的に送る事などは有意義であろう。

具体的な事としてはニューヨークあたりに一つ日本のライブラリーがほしい。そこへゆけば日本に関する一切のインフォーメーションが得られるような機関を設けて、日本を研究し日本の進歩を知らしめたいのである。これは英国その他でもやっているが、日本でも是非やりたい。私が帰ってから早速計画したいと思う一事はこれである。

今一つは太平洋問題調査会［The Institute of Pacific Relations：IPR］というのがあるが、日米だけに限って知識階級の連中が相寄って一つ共同委員会といったものを作る事である。経済、政治、外交について隔意なく意見を交換する事を目的とするが、最初から政治問題となると仲々困難だから、まず一番話しやすい経済問題から始めるのが適当と思う。この種の会を組織して始終こちらから向うへ行き、先方からも、どんどんわが国へ来るというようにしたら面白いと思う。なるほど米国でも最近日本研究が盛んになって来たが、決して十分とは云えない。よりよく理解せしめるために大いに努力が必要である。

❖結び

私はH大佐から『慎重に』という餞《はなむけ》を送られて帰った。ひるがえって、いわゆる三五 - 六年の危機を控えた日本、内外多事の祖国を顧みて、日米問題について考えるところを一言にして言えば普遍性と特殊性の問題である。アメリカをも含めて列国は大戦後の中傷的普遍的平和機構に大なる信仰を持ち、これを全世界に、即ちアジアに至るまで適用しようと欲する。これに対しわが国では極東における特殊性を主張する。ここに普遍性と特殊性の対立が生ずるのである。

由来日本ではワシントン会議以来協調主義が外交の基調をなし、何らの留保も制限をも求むる事なくして、平和機構を無条件に支持し来《きた》った。この間に大なる無理が伏在し、遂に満洲事変の勃発を見なければ止まなかったのである。この事変に国民は特殊性に眼覚め、殊に最近における国民主義の擡頭《たいとう》と相俟って、特殊性は今や国民的信念を形成するに至った。

そこで今後必要と考える事は彼に対しては、わが特殊性を認めしむる事に努力すると同時に、我においてもまた彼が主張する普遍性に考慮を払い、彼等が世界の平和機構を要求する所以を反省する事である。すなわち互に他の立場を理解し尊重する事に努力すべきである。かくして始めて日米は互に手を携えて進む事が出来ると確信する。

（昭和九［一九三四］年八月十日）

第三篇

欧洲大戦平和会議の紀行

媾和会議総会を見る

昨日は媾和会議第五回総会仏国外務省に開催国際連盟修正案上程せられて［、］いよいよその成立を見るべしとの事に、余は午後二時半四月には珍らしき折柄の吹雪を冒してセーヌ河畔なる外務省に到りぬ。この日全権随員としての資格にては人数に制限ありて到底入場するを得ずと聞き、余は予《あらかじ》め交渉の結果［、］新聞記者として入場するの許可を得たるなり。すなわち記者の昇降口よりして当日の会議室に宛てられたる大食堂へと入れば、各国全権の大多数はすでに入場し居り新聞記者席また満員の姿なり。

見渡せば各国全権の席は恰《あたか》も人種展覧会を見るが如く、白色あり、黄色あり、銅色あり、或は孜々《しし》として書類の閲読に余念なきもの、或は哄然として歓談笑語するもの、或は相寄りて何事か囁《ささや》き合えるもの、彼処《かしこ》に一団此処《ここ》に一団ありて実に雑然騒然たり。その間を瞳を凝《こ》らして物色するに、向側の窓近く中央の椅子に深く腰を下ろして心持［ち］仰向［け］になりながら、独り黙然として嘯《うそぶ》ける老翁は正しく当日の議長［ジョルジュ・］クレマンソー氏なり。逞《たくま》しきその骨格東洋人の如く浅黒きその顔色矍鑠《かくしゃく》として壮者を凌《しの》がん許《ばか》り、しかもその風貌は予《かね》て老虎の名を聞きて想像し居りしとは正反対に頗《すこぶ》る温雅にして親しむべき好老爺と見受けられぬ。

更に瞳を転じてクレマンソー氏の左を見ればそこには瀟洒《しょうしゃ》たるモーニングコートを着けたる鼻眼鏡の老紳士あり。これなむ米大統領［ウッドロー・］ウイルソン氏その人にぞありける。氏は書類を手にしつつ傍《かたわら》なる国務卿［ロバート・］ランシング氏並［び］にハウス大佐等と頻《しき》りに何事か語らいつつもその時々洩らす微笑の陰には流石に包み切れぬ得意の色の漂えるを認めぬ。殊《こと》にこの日は彼が年来の主張の骨子とも言うべき国際連盟がいよいよ成立を告ぐべき日にして紐育《ニューヨーク》ヘラルド紙の如きは［、］かの埃及《エジプト》の政治家が四千年の昔ピラミッドの下において夢みたりし世界永遠の平和という理想が今や一ウイルソンの手によりてこの世に齎《もた》らされんとすと記せし程なれば、その得意や実に想察するに余りありと云うべし。

次に我全権はと見れば西園寺〔公望〕侯以下四名の諸氏は最右側の卓子《テーブル》に支那全権と相対して坐せり。平和会議開催以来支那側の排日運動は頗《すこぶ》る猛烈かつ露骨を極め、青島《チンタオ》還付問題に至りて両者の軋轢《あつれき》正《まさ》に沸騰点に迄上りたりとも称せらるる折柄、両国委員の座席が偶然にも相対し居りて、図らずも無言の睨み合をなさざるべからずとは天の配剤もまた皮肉ならずや。支那側委員中最活躍しつつありとの評判の例のウエリントン・クー氏〔✤26〕も陸徴祥《りくちょうしょう》氏の隣に着席し居りしが、年齢僅かに三十二とかにて打見たる所〔、〕東京辺《あたり》の留学生と毫《ごう》も異〔な〕らず、これを我全権諸公と比ぶれば親と子程の相違にしてまた好個のコントラストなり。

この日我牧野〔伸顕〕男が人種的差別撤廃に関し最後の演説をさるると云う事は予《かね》て呼物になり居りしと見え隣近所の記者連余に向いて何れがバロンマキノなりやと問いかけ応接の煩《わずらわ》しきに困りしもまた聊《いささ》か肩身の広き心持もせり。余等はなお諸方に眼を配りて『ロイドジョージ氏の見えざるは如何にせしものぞ』『希臘《ギリシヤ》の英雄ヴェニゼロス〔✤27〕は何処にありや』『かの髪の毛を長く垂らせるがピアニストにして波蘭《ポーランド》首相となりしバデレウスキー〔✤28〕よ』等と語らい居る内、会議

✤26――ウェリントン・クー（Wellington Koo 一八八八―一九八五年）は中華民国の外交官・政治家、顧維鈞《こいきん》の英語名。パリ講和会議やワシントン会議、国際連盟などで中国全権代表を歴任した。

✤27――エレフテリオス・ヴェニゼロス（Eleftherios Venizelos 一八六四―一九三六年）。

定刻の午後三時となり議長クレマンソー氏中央の椅子よりつと起ち上りて開会を宣すれば、満場の動揺めき一時に鎮まりて水を打ちたる如き静粛に還りぬ。

かくて議長の第一に指名したるはウイルソン氏なりき。氏は国際連盟委員会の報告者として連盟規約修正案の草稿を片手に徐《おもむ》ろに起ち上りつつ先ずこの修正が単に字句の修正にして本質には何等の変更も加えられざりし旨を述べたる後、箇条を逐《お》うて説明に取りかかれり。その諄々《じゅんじゅん》として説き来り説き去る所、恰《あたか》も法学教授の講義を聞く如し。大統領の演説半ばにして余等の待ち構えたるロイドジョージ君は急ぎ足に闥《たつ》を排して入り来りその精悍溢《せいかんあふ》るる許《ばか》りなる体躯を運びて満面に微笑を湛えつつ議長の向って右なる席に着けり。これにて役者も揃いたり、中央にクレマンソー左右にウイルソン、ロイドジョージを始めとして世界各国の政治家が星の如く居並びたる光景壮観の極みなり。思うに是丈《これだけ》の役者が一堂の下に会したる丈にても歴史上稀有の事なるべし、況《いわ》んや彼等の此処に演じつつあるものは、古今未曾有の大戦乱の跡始末の為に世界の大改造をなさんとする古今未曾有の大芝居なり、余は今図らずもこの千載一遇の機に会し得て衷心の愉快を禁ずる能わず。さて大統領が最後にサー・ジェームス・ドラモンド氏を以て連盟第一次の書記官長［✤29］たらしむる事、及連盟規約第四条により連盟会議を組織すべきものは五大国の外、白耳義《ベルギー》、伯剌西爾《ブラジル》、西班牙《スペイン》、希臘《ギリシャ》の四箇国たるべき事を提言して座に復すると、右演説全部は再び仏語に翻訳の上満場に紹介せられたり。

次に議長は我《わが》牧野男を呼べり。満場の視線は期せずして男の身辺に集中せり男は英語にて認《したた》めたる草稿を手にして起ち上り議長の方に向いてこれを朗読し始めたり。男は先ず国際連盟規約中に人種の相違に基［づ］く差別的待遇を撤廃すべしとの条項を包含せしめんとする日本の修正案が前後三回委員会に提出せられて遂にその承認を得る事能《あた》わざりし顛末《てんまつ》に付［き］縷述《るじゅつ》せり、男の声はやや低き憾《うらみ》ありしも問題が問題なりし上に最近伊太利委員の帰国に次ぎて日本委員もまた最後の決心の臍《ほぞ》を堅めたり等云う浮説の行われし際なりしかば、満場は片唾《かたず》を呑んで男の一言一句も聞き洩らさじと許《ばか》りに傾聴せしが終に男の口より『吾人《ごじん》は此提案が今日此処にてただちに採用せらるべき事を強いて求めざるべし』の語を聞くに及び始めて安堵の旨をさすりし如かりき。又かの全力を傾けて人種案の粉砕に力《つと》めたる濠洲《ごうしゅう》首相［ビリー・］ヒューズ氏の面上にはこの時得意の色の輝けるを見逃がす能《あた》はざりき。男はなお最後に右の如く言えり『吾人はこの際において次の如く宣言するをもって吾人の義務なりと思考す、即ち日本の政府及［び］人民は彼等の正当なる要求が遂に委員会の容るる所とならざりし事をもって深く遺憾とし今後なおこの提案が国

✤28——イグナツィ・ヤン・パデレノスキ（Ignacy Jan Paderewski 一八六〇－一九四一年）。
✤29——イギリスのサー・ジェームズ・エリック・ドラモンド（Sir James Eric Drummond 一八七六－一九五一年）が、一九二〇年から一九三三年まで初代の国際連盟事務総長を務めた。

際連盟によりて採用せらるるに至る迄これを主張して止まざるべし』と男の演説も又仏語に翻訳せられたり。

牧野男の後にはウルグワイ、パナマその他小国の委員代る代る起ちて英語又は仏語には演説をなせしが、是等の演説もまた一々仏語又は英語に翻訳せらるる事なれば満場漸く惰気を生じ私語頻《しき》りに起［こ］り来る。余の隣席にありし一記者余の耳に囁《ささや》きて曰くThe smaller the nation is, the more prone it is to excessive discussionと、ウイルソン氏は流石に真摯なる学者的態度を失わず終始手を拱《こまね》いて傾聴せり。ロイドジョージ氏に至りては或は起ちて窓際に行き或は卓子の上に置かれたる炭酸水をコップに注ぎて飲み、或は隣席なる［アーサー・］バルフォア氏と笑い興ずるなど盛に茶目振を発揮せしが遂に会議半ばにして帰り去れり。全権委員中最行儀よきは我西園寺侯なりしなるべし。端然として座し一微動だにせず。本日のデーリーメール紙［、］侯を評して曰くThe face of Marquis, Saionzi, like the mask of a carved image, remained set without expressionと。

かかる間に時計は容赦なく進みて早や午後六時を指せり。各国委員の演説も一通り済みたり、この時議長はやおら身を起してなお他に修正の意見なきや否やを問う、満場寂として声なし。爰《ここ》においてクレマンソー氏は起ちて簡単にしかも明快に宣告して曰く『国際連盟修正案は満場一致をもって可決せられたり』と。

嗚呼《ああ》国際連盟はかくの如くにして遂にこの世に現れたり。会議果てて人波に押されつつ外務省の門を出ずれば先程の吹雪はすでに収まりて、西に沈み行く太陽は凱旋門の空を真紅に染めなせり。余は門前に群れる無数の自動車の総て散じ去る迄、黄昏のセーヌ河畔に佇みて独り世界平和の将来を想いぬ。

媾和会議所感

❖所感第一

媾和会議地としての巴里において先ず第一に感ずる事は力の支配ちょう鉄則の今もなお儼然としてその存在を保ちつつある事是なり。思うに正義は力に代るべしとは今次戦争中［、］列国政治家によりてしばしば唱えられたる所なりしのみならず、過去四箇年に亙《わた》れる生命と財貨との驚くべき絶大なる犠牲は戦後の今日において人心の一新を招来せるやの観なきに非ずといえども世界が依然として力の支配を免《まぬが》るべからざるの事実はすでに吾人《ごじん》の眼前において媾和会議が最明白にこれを立証しつつあるを如何せん。乞う先ず媾和会議の組織に就《つい》てこれを見よ。

媾和会議の組織は大国の横暴を最［も］好く表現せり。今その一例を挙げんか英国の如きは独立したる国家と認られざる属領並［び］に殖民地の代表者を会議に列せしむるの違例を冒して平然たるのみならず将《まさ》に生れんとする国際連盟においては是等の代表者に独立せる票決権を与えて毫《ごう》も憚《はばか》る所なきなり。それ国際連盟の票決権が各国平等たるべきは論を俟《ま》たざる所にして一国一票の原則は規約条文の上にも明［らか］に規定せられて居るに拘らず英国のみが併せて六箇の票決権を占めるに至りしはいかに贔負眼《ひいきめ》に見るも専横《せんおう》の譏《そしり》を免れざる所にして米国がこれに対して不服を申し立てつつあるは誠に当然と云うべし。しかるに英国はなおこれをもってしても足れりとせず更にヘジヤ国［✤30］よりも二名の代表者を出すべき事を提言し無理無体にその要求を貫徹したり、元来ヘジヤは英国の援助により一九〇八年始めて土其古《トルコ》の羈絆《きはん》を脱するを得［、］爾来《じらい》英国の保護の下に在りしアラビヤの一小国に過ぎず、斯《かか》る独立の体裁すらも具えざる小国をして国際連盟の一員たらしむるが如きは、その事すでに一の問題なるにこれをして堂々たる東洋の大国支那と同数なる二名の代表者を出さしむるに至りては、断じて公平の措置と称するを得ざるなり。次に媾和会議の議事方法に就きこれを見るも吾人は又大国の支配という事実を看過するを得ざるなり。即ち媾和会議に列すべく巴里に集［ま］りし連合各国の数は二十余国なりといえども［、］その代表者が全部一堂に会して討議するの機会はただ総会の場合に限らるるなり。しかして総会なるものは媾和舞台の幕明［け］以来僅［か］に五回しかも形式的に開かれたるに過ぎずして、主要問題のほとんどすべては五大国会議によりて決定せられ自余の諸国はただその成案に対して同意を強いらるるの姿なりしなり。

以上の如き組織及方法に関する小国の不平は本年一月の第二次総会において早くもその最初の爆発を見たり。即ち支那、白耳義《ベルギー》、希臘《ギリシャ》、羅馬尼《ルーマニー》等の委員は交々《こもごも》起ちて大国の横暴を諷《ふう》するの演説をなしたりき。しかるに虎のクレマンソーは最後に立上りつつ大声叱呼《しっこ》して『強者の権利』を主張し一蹴の下に小国の要求を粉砕し了《おわ》りぬ。世人の多くが今度の会議に対して抱きし正義公道に本《もと》づく世界の改造という期待は、すでに会議の劈頭《へきとう》において見事裏切られたるを見るべし。

もしそれ国際連盟が人種平等案を排斥してモンロー主義を採用したるの事実に至りては力の支配という原則の最［も］露骨なる表現と見るを得べし。思うに人種平等案なるものは正義に本《もと》づきて世界の平和を維持すると云う国際連盟の精神より見て当然連盟の基礎となるべき先決条件なり。何となれば正義に本《もと》づく世界の平和は各国家各民族を不平等の基礎の上に置きては到底これを維持する事能《あた》わざれば也。これに反しモンロー主義は国際連盟とは相容れざる性質を有するものなり、何となれば国際連盟はすべての国家を平等に拘束してこそ始めてその効用あるものなるに、独り

✤30——一九一五（大正四）年のフサイン＝マクマホン条約を背景に、その翌年、オスマン帝国に対抗するイギリスの後ろ盾で建国されたアラブ国家、ヒジャーズ王国（Mamlakat al-Ḥiǧāz）のこと。一九三二（昭和七）年までアラビア半島西部に存在した国家で、現在のサウジアラビア王国北西部に当たる。メッカとメディナという二大聖地を含むアラブとっての要衝であった。

米国のみがモンロー主義によりて米大陸の問題に対する国際連盟の干渉を許さざるのみならず、連盟規約に基き締盟各国が活動の義務を生じたる場合にも何等の義務を負担せずと云うが如きは明［ら］かに連盟其物の破壊を意味すればなり。

如此《かくのごとき》は純理よりこれを見れば実に明々白々寸分の疑［い］を容れざる所なれど偖《さて》実際は如何に決定したりしやと云うに、道理ある人種平等案は力足らざる日本がこれを提出したるが故に葬り去られ、これに反し不道理なるモンロー主義は力ある米国がこれを主張したるが故に大手を振って連盟規約の中に割り込むに至りしもの也。

如此《かくのごとく》観来る時［、］今次《こんじ》の媾和会議が力の原則によりて支配せられたるの事実は何人も否認するを得ざる所なりといえどもこれをもってただちに力が万事を決定したりとなす一派の論議に対しては吾人はこれを首肯《しゆこう》するに躊躇《ちゆうちよ》せざるを得ず。蓋《けだ》しウイルソン氏が最初媾和の基礎条件として掲げたる海洋の自由その他十四箇条の原則は、欧洲政治家の現実的利害主義によりて甚しき蹂躙を蒙りたりといえども、しかも彼の理想が全然実行せられざりしとなすは余りに酷評にして、少［な］くとも彼が主唱にかかる民族自決主義の如きは或程度迄媾和会議の中心精神となり多年圧制に苦しみたりし幾多の弱小民族に新［た］なる希望と光明とを齎《もたら》したりし也。

殊に不完全の譏《そしり》を免れずとは云え国際連盟なるものが兎にも角にも実現の運を見るに至りしは一に彼が努力と熱誠との賜なりと云うを得べく余は此点丈にてもウイルソンの名が永《とこし》えに人類史

上に光輝を放つべきものなりと断言するを憚《はばか》らざる也。要するに巴里会議の成績を見て理想主義の破滅を宣告するは早計なり。吾人は今日の時代が国際政治の発達においてもまた正に過渡期に在るを忘るべからず。

❖所感第二

第二に感ずる事は専門外交秘密外交が漸《ようや》く過去の遺物となりて国民外交公開外交の時代［、］将《まさ》に来らんとするの兆《きざし》ある事是なり。もちろんウイルソン氏が十四箇条原則の第一に掲げたる『公開的に作られたる公開的の条約』という主義は、大統領の他の多くの理想と同じく今度の媾和会議においてほとんど無視せらるるの運命に陥りたるが故に、今日秘密外交の時代全く去れりと速断するは素《もと》より軽率の譏《そしり》を免れざる所なりといえども、巴里《パリ》会議を以て百年前の維納《ウィーン》会議に比較する時は吾人はそこに顕著なる差異の存する事を認めざるを得ず。然《しか》して維納時代の政治家がほとんど夢想だにせざりし大規模のプロパガンダが今次の媾和会議において重大なる役目を演じたりし事実は、偶《たまたま》もってこの時代の推移を最［も］よく説明するものたらずんばあらず。

余は外交史上において一八一五年維納会議の当時各国使臣の連夜大夜会を開きし由《よし》を読みてこのたびもまた或は如此事《かくのごときこと》のあるべしと予期し居たりしに、未だ一の宴会もなく一の夜会も開かれず、遥々持参の大礼服も燕尾服も結局持ち運び損に終るべき形勢なり。蓋《けだ》し維納会議［❖31］の当時は民権の発達今日《こんにち》の如くならずして戦争は帝王の戦争、外交は外交家の外交なりし也。随って国交の問題は国民の毫《ごう》も関する所に非《あら》ずして、帝王外交家相互の個人的関係個人的折衝により如何《いか》様《よう》にも決せられたるものなれば［、］談笑乾杯の間に陰謀秘計の機微《きび》を促《そな》う方便として、連日大夜会を催す必要もありしならんが、今日の如く万機公論に決するの世となりては権変機略を弄し舞踏夜会を以て粉飾するの余地いよいよ少［な］くして、外交もまた自然と公開的性質を帯び来らざるを得ず、しかしてプロパガンダは実にこの時代の必要に応じて生れ出でたる外交上の新武器に外《ほか》ならざる也。

プロパガンダに就きては支那人の方［、］遥に日本人よりも心掛がある様なり、かの袁世凱《えんせいがい》が河南の草盧《そうろ》より起ちて遂に天下を一統したりしは全く彼が巧妙なるプロパガンダの賜《たまもの》なりと云うを得べく近くは山東問題の紛紜《ふんぬん》また支那使節の猛烈なるプロパガンダが功を奏したりし結果なり。しかるに日本人はこれに反し甚《はなは》だしくこの手段に拙劣なり［、］それプロパガンダは自家広告なるが故に個人としては断じて敬意を払い難き行為なり。この点よりすれば日本人のプロパガンダに描きは一個の美質として賞賛するを得べけむ。しかれども今日の如く民衆の同意同情を集むる事なくしては何事もなし得ざる時代において、円滑無礙《むげ》に所期の目的を達せむとするにはプロパガンダに由《よ》るの外《ほか》なく、もしこの手段を欠く時は諸事渋滞頓挫するのみか時には失敗に終［わ］るを免《まぬが》るべからざるなり。或人曰く『青島《チンタオ》処分が媾和会議の問題となりし当時支那側のプロパガンダは最猛烈を極めたるに反し我国は沈黙をもって押し通せり、しかして終局の勝利は遂に我等の上に来りしに非ずや、いわゆるプロパガンダの如きは愚民を瞞着《まんちゃく》するには有効なる手段ならんも識者を動かすには足らざるなり、何となれば各国全権諸公の手許にはプロパガンダとして坊間《ぼうかん》に流布《るふ》せらるる新聞冊子の記事よりも遥かに精確にして豊富なる材料ありて諸公が判断の資《し》に供せられつつあればなり』と。しかれども青島問題の如き事理明白なる問題すら彼が如き紛糾を見たりし所以のものは抑《そもそも》何ぞや。一に是れ支那側のプロパガンダが連合諸国［、］殊に米国の国論を動かしたりしに因《よ》る也、幸に同問題が我に満足なる解決を与えたりしの故をもって、プロパガンダの価値を軽視するが如きはもっての外《ほか》の次第なりと云わざる可《べ》からず。

今回の大戦争中各国は何《いず》れもプロパガンダの為に特殊の機関を設け、数千万の予算と無数の人員とを使用して活動至らざるなく、中には非常なる効果を収めたるものあり。かの露国の軍隊が過激派政府の成立と共に瓦解したるが如き、イソンゾ［✤32］における伊軍の大敗の如き、一に独逸のプロパガンダが禍《わざわい》したるに因ると称せらる。又一九一八年墺国において戦争に関し皇帝皇后間に意見の衝突ありとの風説起［こ］り独逸においてヒンデンブルグ、ルーデンドルフ両将軍の不

✤31——原本では「ういんなかいぎ」とルビが振られている。

✤32——第一次世界大戦中の一九一五年から一七年にかけて、イタリア（イゾンツォ）戦線で断続的に行われたイタリア軍とオーストリア軍による戦闘。

和説伝えられ何れも国内人心に尠からざる疑惧の念を起さしめたる如きはノースクリッフ新聞のプロパガンダの結果なりとせらる。

媾和会議に対する各国のプロパガンダを見るに戦時中におけるいわゆる反間《はんかん》苦肉の策の如き悪辣《あくらつ》を極むるものはこれ無しといえども各国とも大規模に是れを行いつつあるは事実にして媾和事務所の新聞課室の如き各国より送附し来る印刷物山積して課員は是が整理に忙殺せられつつある有様なり。その他写真を配付し活動写真を利用し演説講演をなす等プロパガンダの方法は種々様々なるが就中《なかんずく》最［も］広く最有効に用いられつつあるは蓋《けだ》し新聞なるべし。欧米の政治家はよく新聞操縦の妙諦を解し材料の如き我より進［ん］で彼に与うるのみか［、］時には自ら操觚者《そうこしゃ》となりて執筆するなどその態度方針すべて積極的なり。一例を挙ぐれば仏国外務大臣ピション氏［✤33］の如きは毎日曜午前十一時より各国新聞記者を引見するを例とせり。この日外務省なる会見室の中央にピション氏の席を占むるや、待ち構え居る五［、］六十名の記者連中は外相の周囲を十重二十重に取りまきて、時局の経過に就き質問の一斉射撃を開始する次第なるが是に対する外相の答弁は実に親切懇到を極むると云う。又仏国政府は昨今巴里に集《つど》える列国新聞記者の為に富豪ズユフハイエール氏の家を徴発して、これを倶楽部となし［、］もって操觚者が会合娯楽の用に供せり。

この家は宏壮華麗近代稀に見るの大建築なるがシャンゼリゼー大通の中程に位して、バッサノ街なる西園寺侯事務所とは距離甚だ近きが故に、余もまた同事務所に通勤するの序《ついで》をもってしばしばこの倶楽部に出入し、世界的知名の士と親しく面接するの便宜を得つつあり。

思うに戦後における外交関係は従前に比し一層民本的公開的色彩を呈するに至るべく随ってプロパガンダの重要益《ますます》その度を加うべきは論を俟たざる所也。この時に方《あた》り苟《いやしく》も外に対して我国利民福の伸張を図らんと欲せば大々的対外プロパガンダの挙に出でざるべからず。しかしてこの目的の為に最［も］急要を感ずるものの第一はプロパガンダ機関の設置也。今戦時中における各国のプロパガンダ機関を見るに［、］かのビーバーブルック卿[✤34]を長官としノースクリップ卿[✤35]を局長に有する英国のデパートメント、オブ、インフオーメーション（独立の一省）[✤36]

✤33——ステファン・ピション（Stéphen Pichon　一八五七－一九三三年）

✤34——ウィリアム・ビーバーブルック（William Maxwell Aitken Beaverbrook　一八七九－一九六四年）はカナダに生まれ、一九一〇年にイギリスに渡って新聞社経営に携わる一方、政治活動も行った。

✤35——ノースクリフ男爵（Alfred Charles William Harmsworth, 1st Viscount Northcliffe　一八六五－一九二二年）は「デイリーメール」「デイリーミラー」といったイギリス大衆紙のオーナーでもあった。

✤36——所管大臣がいる独立した省は「デパートメント」ではなく「ミニストリー」となるため、イギリス情報省（Ministry of Information：MOI）を指すものとみられる。

を始めとし仏国のメーゾン、ド、ラ、プレッス（外務省に属す）［✤37］［、］独逸のナハリヒテン、アプタイルング（外務省に属す）［✤38］［、］米国のデパートメント、オブ、パブリックインフオーメーション（独立の一省）［✤39］等何れも巨万の経費を擁して目覚ましき効果を挙げつつあり。殊に米国におけるこの機関は無線電信の為に日々起稿する通報数千枚各国官憲及び新聞への通報十万枚時々発行のプロパガンダ用小冊子数百万部日々特種の材料を供給し居る地方新聞数一万六千に上ると云う、米国の如斯《かくのごとき》活動を見顧《みかえり》みて我國の現状に及ばば誰か心中忸怩《じくじ》たらざるを得ん、僅かに存する支那重要地の特種新聞に対してさえ保護金を充分に投じ得ざるが如き有様にては、今後益《ますます》紛糾を重《かさ》ぬべき支那外交の舞台において我国がよくその権威ある地位を維持し得べきや否やも深く疑問とせざるべからず。要之《これをようするに》プロパガンダ機関の設置と活用とは時世が吾人に向って要求しつつある急務中の急務なるが、なおこの外に今一つ対外プロパガンダの機関として必要欠くべからざるものは海外通信なり。抑《そもそ》も通信は最有効なるプロパガンダの手段なるが我国には未だ一の海外通信社も存在せざるなり。欧米各国は何れも大規模の通信社を政府保護の下に有し居り、英の『ルーター』［✤40］［、］仏の『ハヴアス』［✤41］［、］米の『アッソシエーテッドプレス』［✤42］［、］伊の『ステフアニー』［✤43］［、］墺の『維納《ウィーン》通信』［、］土の『ミリス』等皆是なり。

しかるに我国には内地向の通信社多数存在し［、］寧《むし》ろ通信社の過剰なるに苦しめるが如き状態なるに拘らず、海外に対する通信は皆無なるが故に我国において発表せらるる公報と言説とは一切外国通信社の手を経て海外に伝えらるる事となり、随って外国人の見てもって自己に不利益なりとなす通信は全然握り潰さるるか、或は変形捏造を加えらるるを免かれず。かくては折角のプロパガンダも何等の効果なきのみか［、］時には却って悪影響を及ぼす事となるなり。是れ余

✤37――フランス外務省広報センター（La Maison de la Presse）。その後の組織的変遷は不明。

✤38――一九〇一年に創設されたドイツ外務省情報部（Nachrichtenabteilung）。第一次世界大戦で敗北したドイツは一九一九年のベルサイユ講和条約で一切の諜報機関の運用を禁じられ、それに伴い解体された。

✤39――アメリカに同名の機関が設立された記録がないため、同時期に設立・活動していた公共情報委員会（Committee on Public Information）の誤りと思われる。

✤40――ロイター通信社（Reuters）。二〇〇七年にカナダの情報通信会社トムソンに買収され、現在はトムソン・ロイターとなっている。

✤41――アヴァス通信社（Agence Havas）。第二次世界大戦後、フランス通信社（AFP）として一時国有化されたが、現在は独立している。

✤42――一八四六年に創設され、AP通信（Associated Press）の略称で知られるアメリカ最大の通信社。

✤43――ヴォルフ電報局（Wolffs Telegraphisches Bureau）。一九三三年にナチスの国営通信社に吸収され消滅。

が我国に海外通信社を起［こ］す事をもって実に焦眉の急務なりと云う所以《ゆえん》なり。

❖所感第三

第三の所感として挙げんとするものは外交官制度刷新の必要にして是《これ》また今次の媾和会議が吾人に与えたる最大なる教訓の一なり、今や時勢は急転して秘密外交は公開外交に［、］専門外交は国民外交へと推移せんとし、随って一［、］二外交家の手腕が外交の成否を左右するの力は大に減じたるの観あり。

然《しか》れども外交官を以て単なる取次用の蓄音機と心得［、］その人物伎倆《ぎりょう》の如きは深く問うを要せずとなすものあらばその誤れる事また論を俟たず。即ち外交家として有能の士を得るの必要は国民外交の時代となりても毫《ごう》も渝《かわ》らざるなり。然《しか》して此必要に応ぜむが為に現代の日本において最も緊急なる一事は外交官制度の刷新に他ならず。

いかにして外交官制度の刷新を行うべきか、第一には人材登用の門戸を開放する事是也。第二には外交家養成の方針を改むる事是なり。

今日の外交官制度にては採用の人員少なきが故に一旦採用せられたる後は淘汰せらるる事なく能不能《のうふのう》を挙げてことごとく昇級し得る仕組となり居れり。是を民間の事業界に見るに三井三菱の如き大会社においては毎年官私立大学の卒業生百数十名を採用すと云う。しかして材能あり実力ある者は是等の者の中より次第に抜擢せられて遂に幹部の地位を占むるものなるがそのいわゆる幹部の数は僅《わずか》に十名内外のみ、もって其間に大なる人材淘汰の行われ居るを知るべし。しかるに外交官に至りては毎年僅に十名内外を採用するに過ぎずしてしかも是等僅少の人々の間より大臣次官を始め二十余箇国の大公使を選ばざるべからざる事になり居れるが故に、その間ほとんど淘汰の行わるる余地なくしていかなる凡庸の才も鰻上りに枢要の地位迄《まで》押し上げらるるなり。幸にして今日の外交官諸君は何れも有能達識の士なればその点の心配なけれど制度としては甚《はなはだ》感心致し兼ぬる次第也。由来外務省には一種偏狭なる見解を持する者あり外務省独特の試験によりて採用せられ外務省の畠に育ちたる人物に非ざれば外交の事を托するを得ずと為すが如し。成程外交の一面は事務なるが故に外交専門の技術を弁《わきま》うる人の必要なる事もちろんなるが［、］さりとて是のみが外交の全部なりとするは甚しき謬見《びょうけん》と謂《い》わざるべからず、事務のまた外交の一面なれど外交の大主眼は実に国際政策の遂行に外ならず故に苟《いやしく》も国際政局につきて見識あり思慮ある練達堪能の士あらば軍人にまれ実業家にまれ学者にまれ擢《ぬき》んで、もって外交の事に当らしむべし［。］必［ず］しも専門的外交技師の手を煩わす要なきなり。是を今次の媾和会議に見るも英米仏伊等の全権委員は概ねいわゆる専門の外交家に非ずして政治家なり、国際連盟も対独墺媾和条約もすべてこの素人外交家の手によりて成りし也。

従来の外務省は人材養成につき何等の考慮を費さざりしが如し。抑《そもそ》も外交官たる者は単に外交の事務のみを以て能事畢《のうじおわ》れりとなすものに非ざる限り須《すべか》らく任国の国情を審《つまびらか》にし更に進んでは一般国際政局に通暁《つうぎょう》して各種の国際問題を理解し得る能力を具有せざるべからず。しかるに今日の外交官の大多数は終日営々として雑務に忙殺せられほとんど修学研鑽の余暇なき有様なるが故に外交家としての見識を養う事能わざるなり。現在当地にある少壮外交官中志ある人々は何れも現在の境遇に付、不平を鳴らしつつあるがその言う所を聞くに是等の諸氏は最初外交官補、領事館補の時代四［、］五年間は全く電信事務に服せしめられ［、］それより以後は繁文縟《はんぶんじょくれい》礼的庶務に忙殺せらるる為、研究どころか大学を出でて十年の後には大概慢性の神経衰弱に罹《かか》ると云う。思うに斯の如き庶務雑役は欧米の官庁会社等においては婦人のタイピスト位にて間に合せ居る仕事なり、何ぞその為に大学卒業の素養を有する青年外交官を使役するの必要あらん。余はかかる機械的の労働をもって前途為すあるの身を束縛せらるる人々が、久しからずして年少の意気を消磨し尽し、早く小成の老人と化し去るは誠に当然の結果なりと考う。すなわち外交官養成の方針を改め本省たると在外公館たるとを問わず、雑役の大部分は庶務員をしてこれを掌《つかさど》らしめ少壮外交官には与うるに時間の余裕を以てし、外交家本来の任務たる外部との接触国情の研究並に語学の練習等に其全力を傾注せしむる事今日において特に急務なりとす。

❖所感第四

最後に第四の所感として余は日本人が今一層世界的知識と輪廓《りんかく》とを養成するの必要ある事を説かざるを得ず。

是を聞く米国の如きは千九百十七年いよいよ欧洲大戦に参加する事となるやハウス大佐を委員長とする幾多の委員会を設け、是等の委員会は専門の経済学者法学者財政家等はもちろん人種学者地理学者等をも網羅《もうら》し、分担を定めて或はシリヤの事情を調査し或はバルカンの問題を考究したりと云う。彼等が着眼と抱負の遠大なるもって知るべし。斯《か》くて精密かつ公平なる媾和会議資料はウイルソン大統領の手許に集り大統領は之を提げて威風堂々と巴里に乗込み来れるなり。かのフユーメの問題について民族主義の本尊なるウイルソン氏が、同じく民族主義を根拠とする伊太利《イタリー》の主張に耳を藉《か》さず、遂に是を圧倒し去りしが如きはかかる公平なる資料に本々確乎たる自信を有したりしが故なり。

米国人の眼界《がんかい》がかくの如く世界的なるに反し日本人の眼界が今なお甚だ狭小にして僅に極東の一部に限られ居るは吾人の甚《はなはだ》遺憾とする所なり。即ち我国民は支那問題等自国に直接利害関係ある場合には非常の熱心をもって騒ぎ立つるも東洋以外の事となれば我不関焉《われかんせずえん》の態度を採る傾きなしとせず。現に今度の会議に関係せる或外人は日本人を評して彼等は利己一点張の国民なり、世界と共に憂《うれい》を頒《わか》つべき熱心も親切もなき国民なりと申したりとか〔。〕それ利害関係の多少によりて注意の程度に差等を生ずるは人情の免れざる所にして日本人が青島《チンタオ》問題に緊張するも波蘭《ポーランド》の国境問題に冷淡なるはもとより当然の事なり。しかれども世間には今日無関係なりとて閑却《かんきゃく》したる事が他日《たじつ》大影響を及ぼし来る場合往々これ有り。かかる際に平常の調査足らず予備知識なきの結果たちまち措置に迷うて周章狼狽するが如きは決して賢明なりと云うを得ず。

況《いわ》んや今日の日本は国際連盟の中軸たる世界の主人公として利害相関せざる国の面倒迄も見てやらねばならぬ地位に達し居る也。現に西園寺侯の最初ホテルモーリスに在《あ》るや白耳義《ベルギー》国王は親しく駕《が》を枉《ま》げて侯をホテルに訪問し白耳義の要求の貫徹する様尽力ありたき旨《むね》懇請せられたり。又同じホテルに在りし黒山国王《こくさんこくおう》［モンテネグロ王］もその首相及び外相を侯の許《もと》に遣《つかわ》してその要求する所を陳述せしめたり。思うに白耳義と云い黒山国と云い我国とは直接何等の利害関係なきなり［。］然《しか》も今日の我国は従来の如く『欧羅巴の事は我の知る所に非ず』と云うて済しては居られざるなり。是れ余が日本人の心胸を今一層世界的に開拓する必要を力説する所以なり。

（千九百十九年六月初旬巴里、ホテル、コンチネンタールにて）

媾和条約調印式を見る

独逸《ドイツ》は果して調印すべきや否や。これ回答期限の切迫し来ると共に、何人の唇頭《しんとう》にも上りし最多くの話題なりき。もちろん独逸今日の国力をもってしては、仮令《たとえ》連合側の過酷なる条件がいかに彼国民の敵愾心《てきがいしん》を振起《しんき》せしむるありとするも、再［び］戈《ほこ》を執りて起つが如きは到底あり得べからざる事に属す。然れども狡獪《こうかい》なる彼等が種々なる辞柄《じへい》を設けて、決定の延期を嘆願すると同時に、一方手を廻して連合側の内部撹乱を企《くわだ》つる虞《おそれ》ある事は、すでに最近仏国都市における同盟罷業《ひぎょう》［ストライキ］の背後に、独人の影の潜めり、と云う風説あるに徴《ちょう》しても知るを得べく、前途必しも楽観を許さざるの状態なりしが、六月二十二日に至り独逸において、［フィリップ・］シャイデマン内閣仆《たお》れ、パウエル内閣［✤44］これに代るの報あるや、ここに始めて一道の光明を認むるに至りぬ。蓋《けだ》し是より先、独逸内部の媾和に関する与論はいかなりしかと云うに、国民自由党は、かの外務大臣にして首席全権たりし、ブロックドル・フランツアウ伯の強硬なる意見に動かされて最［も］猛烈に調印拒絶を主張し、首相シャイデマン氏もまたこれに傾きつつありしに反し、社会党、中央党の多数はこの場合調印をもって止むを得ずとするに一致せるものの如く、しかしてエルツベルゲル、ノスケの両氏はこの派を代表する錚々《そうそう》たる者なりしが、今やこの両氏を閣僚とするバウエル内閣の出現せるを以て見れば、是れ疑もなく調印に対する前提と解するを得

✤44――フィリップ・シャイデマンに代わり、一九一九年六月から一九二〇年三月までドイツ共和国首相を務めたグスタフ・アドルフ・バウアー（Gustav Adolf Bauer　一八七〇―一九四四年）の組織した内閣。

べければなり。しかれども、彼等は諦め早き日本人とは大［い］に異［な］れり。結局は調印と云う事に決心の臍《ほぞ》を堅めしにせよ、なおその特有の粘り強き執着性をもって、最後の断末魔迄《まで》至らざれば止まず、即ち回答の前日なる二十二日には、バウェル氏の名をもってクレマンソー氏に対し（責任者糾弾に関する条項を保留して調印せんと申出で）最早『一切条件を附すること』罷《まか》り成らぬと刎《は》ね附《つ》けられしにもなお懲《こ》りず、回答当日の朝に至りては、更に二日間の回答期限延長を申込み、これまた拒絶せらるるなど、日本式に云えば往生際の悪き事話にならざるなり。

回答期限なる六月二十三日午後七時に先立つ正に二時間、余はバッサノ街なる西園寺侯の事務所にありしが、慌しきベルの音に轟《とどろ》く胸を抑えつつ電話口に出《い》づれば、先方の声は牧野［伸顕］男の秘書吉田［茂］君なり。曰くただ今独逸は無条件にて調印に決せる旨通知来《きた》れり、早速侯爵に伝達を願うと、余はただちに階上に走り行きて、侯にこれを報ずれば、侯もまた満足の態《てい》なり。それより余は自動車を走らせて我媾和事務所なるホテルブリストルに急ぎしが、恰《あたか》もシャンゼリゼー大通の中程迄来りし頃、先ずセーヌの向岸の方に当りて、平和克復を寿《ことほ》ぐ祝砲の第一声は放たれ、やがて是を合図に市の内外各方面より一斉に打出す砲声、耳を聾《ろう》せんかと思われたり。ブリストルに来りて全権会議室に入れば、すでに新聞記者諸君室も狭《せま》しと許《ばか》りに入り込みて珍田［捨巳］大使を囲み、盛んに祝辞を浴せ居たり。先程より最高会議に列して回答を待ち居たる牧野男も程なく帰り来れり。男は御芽出度うの祝辞を浴びながら、ただ今の会議において回答の来るや、クレマンソー氏の喜悦は何物にも譬《たと》え様なく、ウイルソン氏等がまだ早からんと云うを聞きもあえず、早速祝砲を打つべく命令せりなど語らる。ク氏としては、げにさもありなん、やがて三鞭《シャンパン》は運ばれたり。一同、盃を挙げて万歳を叫ぶ。時事の亀井君発議して曰く、是よりシャンゼリゼーなる万国記者倶楽部に至り、更に大に飲まんと。すなわち亀井、大西（時事）、土屋（朝日）、添田（報知）諸君の外、林毅陸《きろく》氏、小山完吾氏、小村俊三郎氏及［び］松岡［新一郎］書記官以下新聞課の面々大挙して同倶楽部に至り、盛に三鞭を抜き、万歳を唱え、或は演説迄やると云う陽気に、並み居る外人連も呆気に取られて茫然たり。亀井君更に又発議して曰く、これよりクレマンソー氏の邸を訪問し、祝意を表さんと。すなわち一同自動車数台を連ねてク氏の邸に至る。邸はフランクリン街にあり、見すぼらしきその構え、これが一国大宰相の家とは一寸《ちょっと》受取れず、ただ時節柄警衛巡査の物々しく警戒し居るにより、漸《ようや》くこれと頷《うなず》かるるのみ、我々の大挙して押《おし》掛《か》くるや、巡査共は大に驚き怪しめる態なりしが、やがて祝意の外他意なきものと解り、始めて安心せる様なりき。その内に秘書役某氏玄関に出で来りたれば、林氏一同を代表し、得意の仏蘭西語にて祝辞を述べ、終りて一同万歳を叫ぶ。この時隣近所の女子供等には何事の起［こ］りしぞと駈け出し来れるも笑止《しょうし》なりき。

　その夜の巴里は早や歓喜を通り越して狂乱に近き状態なりき。グランブルバードの大通の如きは満街只人と旗とをもって埋まり、身動きもならぬその間を英仏米等の諸兵手に手に旗を振り、軍歌を高唱して練［り］歩けば、群集もまたこれに和して歓呼の声を揚ぐ。或は喇叭《ラッパ》を吹くものあり、相擁して躍るものあり、男子にして女装せるものあり、婦人にして軍装せるものあり、たまたま自動車にて道を横切るものあらば、弥次馬連いかで見逃すべき、たちまち車体を取り囲みて前後よりこれを揺がすにぞ、運転手も乗客も車中にありてコロリコロリと翻弄せらる。やがて一人は逸早く自動車の屋根に上り、一人は闥《たつ》を排して中なる婦人に接吻す、かかる狂態、痴態の限りを尽せるその中にありて、余の深く感ぜし事一あり。そは戦争の犠牲となれる憐れむべき負傷兵等がこの日の喜［び］を共に頒《わか》つべく、その不自由なる体躯を傷者車に横［た］えながら旗を振りつつ喝采し居たる事なり。弥次馬連もこの人々には悪戯をせず、道を譲りて敬意を表する様、狂呆の間にも流石に奥床しき所あり。

扨《さて》調印は最初二十五日と云う噂ありしも、独逸においてランツアウ伯辞任に付後任全権の人選に手間取りし為、遷延日を重ねしが、二十六日に至り新外相たるミユラー氏この屈辱の役目を承る事に決定せる旨の通知ありしをもって、この歴史的大盛儀はいよいよ二十八日午後三時より、ヴェルサイユ宮鏡の間に挙行せらるる事となれり。鏡の間は申す迄もなく千八百七十一年正月普仏戦役の後に普王ウイルヘルムが即位式を行える所なり。当時セダンにナポレオンを降し、チエールをして巴里《パリ》城下の盟をなさしめたるウイルヘルムがこの室において、始めて独逸皇帝の帝冠を戴き、連邦帝国の成立を宣したりし時の得意はいかなりしぞ。即ち鏡の間は仏蘭西《フランス》にとりては憤恨遺る瀬なき屈辱の記念なると共に、独逸に取［り］ては赫々《かくかく》たる戦勝の光栄を誇るべき場所たりしなり。しかるに爾来僅［か］五十年を隔ててここに栄辱全くその地位を顛倒し、独逸は今やその自ら呱々《ここ》の声［✤45］を揚げし誕生の場所において破滅の宣告を受けざるべからざる運命となれるなり。しかしてこの度の調印はその場所においてこの如き因縁あるのみならず、その日においてもまた、偶然かの墺国《オーストリア》皇太子遭難［✤46］の日と契合するに至りしは奇と謂うべし。即ち千九百十四年六月二十八日におけるサラエボーの凶変が端《はし》なくも導火線となりて捲き起したる欧洲の風雲は、それより満五年後の同月同日をもって爰《ここ》に終結を告げんとするなり。

二十八日朝来暖烟《だんえん》軽く揚りて暁風爽［や］かなり、市街は各国の旗をもって美々しく飾られ、ビーブラフランセーを唱えて旗を振りつつ幾組となき行列市中を練り歩き、自動車の如きもまた装［い］を凝らしたり。噫《あゝ》過去五年の間砲弾の音に、敵機の襲来に心胆を寒からしめし事幾度ぞ。今や乾坤一転して祥雲瑞気巴里の空を包むを見る。巴里人の今日の喜［び］や実に想察するに余ありと云うべし。午後二時松岡書記官、新聞課の諸君と共に自動車にてホテルブリストルを出でヴェルサイユに向う。凱旋門よりボア・ド・ブローニュを経て、ヴェルサイユに通ずるの道は自

✤45——産声のこと。
✤46——サラエボ事件。

動車の行列幾千台となく打続き、各国全権を見んとて沿道垣をなせる群集は盛に旗を振り、手を拍ちて送迎す。我々の通過するやジャポネーバンザイを唱うるものも数多かりしが、流石は職掌柄プロパガンダに抜目《ぬけめ》なき新聞課の諸君の事とて、かかる際には兼て用意に持来せる日の丸の小旗を、群集の中に投げ与え、大喝采を博したり。

ヴェルサイユ宮附近のこの日の混雑は、名状すべからざるものありしが、宮殿正門前の大通は一切通行を禁じ、清掃せられたれば一点の塵をも止めず、華麗の服装せる共和衛兵両側に整列し、その燦然として日光に輝ける銀色の兜と、白き鹿革の袴下と黒く光れる長靴とは何れも荘重なるこの日の儀式と相応しき光景を呈したり。是等衛兵の最敬礼をなせる間を意気揚々として正面の玄関に乗り着くるものは全権諸公のみにして、我々は正門の手前より右に折れ、独逸全権の宿泊せるホテルの隣なる裏門に至りて車を捨て、宮殿の裏口より人波に押されつつ階上なる鏡の間へと入りしなり。時に午後三時、各国全権は皆すでに入場し居り、その他に招待を受けし人々及新聞記者等狭しと許りに詰込みて、さしもに広き鏡の間も、肩々相摩して立錐の余地なき有様なりしが、流石に今日は近世歴史の最光輝ある瞬間を前に控ゆる事とて咳一つ聞えず、満場静まり返れるに、余もまた粛然として襟を正しうせざるを得ざりき。見渡せば庭園に面して置かれたる長き卓子《テーブル》の中央には、クレマンソー氏例の如く椅子に深く腰を下ろして坐し、その向って左にはウイルソン大統領を始めとして米国委員、次に伊太利委員、次に白耳義《ベルギー》委員あり、又ク氏の向って右にはロイドジョージ氏を始として英本国委員、次に英殖民地委員、次に我日本の委員の順にて居並びたり、何れも黒のフロックコート姿にて、華麗眼を聳《そばだ》てしむるものは一点も場内に見当らざりき。更に眼を転じて窓外を望めば、正面噴水地の周囲には共和衛兵円陣をなして整列し、その背後には特に今日庭園迄入るを許されし幾千の人々堵《と》の如く並びて、調印の了《おわ》るを今や遅しと待ち構えつつあり。

午後三時を過ぐる五分、向側の扉は開かれて満場の視線一時に其方に注がるると見る間に、幾多の仏国将校に見守られつつ、二名の独逸全権はいよいよ入場し来れり。先なるは新外相ミュラー氏にして、後に続けるはベル氏なり。何れもフロックコートを着し、やや俯向き加減に、極めて物静なる態を粧いつつ日本委員の隣なる定めの席に着けり。爰《ここ》においてクレマンソー氏は始めて起ちて、先ず独逸より調印をなすべき旨を告ぐ。従来の例によれば条約調印の順序は、戦勝国をもって先とし、戦敗国をもって後とす。しかるにこの度はこの慣例を破りその順序を顛倒せり。蓋《けだ》し最近スカパの事件［✤47］においてこれを見るも、近来独逸がやや自暴自棄となり居れるは明白なる事実なれば、今日も如何なる意想外の行動に出ずるや図り難し、との懸念に出でたるならん。

扨《さて》条約の正文はクレマンソー氏の座席の直前なる卓子の上に置かれたり。すなわち独逸全権等

✤47——同月二一日、英スカパ・フローで起きたドイツ残存艦隊七四隻の自沈事件。

は静に起ち上り案内せらるる侭にその卓子の前迄歩を運べり。彼等は平静にしてほとんど何等の苦痛を感ぜざる如く、淡々乎《たんたんこ》たる態度をもって、前に屈みつつ代る代る署名したり。その間僅［か］に二［、］三分を費せしのみ。嗚呼幾百万の人命と幾千億の財貨とを犠牲として漸く得たる最後の結果はかくの如く迅速にして簡単たるものなりき。独逸の運命はかくして定まり了んぬ。見よ悄々《しおしお》として自席に帰り行く二人の黒き姿の淋しくも憐《あわれ》なるを。これをかの五十年の昔、同じこの大広間においてウイルヘルム老帝がビスマルク、モルトケを始め雲の如き賢臣名将に囲まれつつ、威風堂々として四辺を圧倒したりし当時と対比し来る。何人か心中無限の感慨に打たれざるを得んや。独逸全権の座に復するや、ウイルソン氏先ず座を立ち、続いて四名の米国全権これに従い、同じ卓子に至りて署名の上復席せり。次にロイドジョージ氏を先登として英本国委員、次に英植民地委員、次に仏国委員、次に伊太利委員、次に日本委員の順序にて、各一団ずつ代る代るその卓子迄行きて署名し、かくして最後のウルグワイ委員に至る迄時を費す四十三分なり。しかして調印したる国々は山東問題に関する要求の容れられざりしを理由として調印せざるに決したる支那を除き、すべて二十六箇国なりき。

調印のすべて了《おわ》りしは午後三時四十九分なり。クレマンソー氏すなわち立ちて、荘重にしかも簡単に平和は今や成れりと告ぐ。この時大庭園の噴水は一斉に迸《ほとばし》り出で殷々《いんいん》たる百一発の祝砲は宮殿の内外に蝟集《いしゅう》せる幾千万の人々の歓呼の声と相応じて新なる世界の出現を祝しぬ。

ラインの旅

媾和の使命恙《つつが》なく終えし西園寺侯は七月十七日をもって巴里《パリ》出発帰朝の途に就かれぬ。余は侯をリオン停車場に見送りてここに半歳の間行動を共にせる同侯一行に別れを告げ翌十八日単身ヴエルダンに向いてパリを去れり、これより先姉崎〔正治〕博士と約し仏蘭西《フランス》がこの度独逸《ドイツ》より取戻したるアルサス〔アルザス〕、ローレン〔ロレーヌ〕二州に入りそれよりライン河に沿うていわゆる占領地を一周せん計画あり、占拠地とは今度の媾和に基〔づ〕く独逸の条約履行を監視する為〔、〕或年月の間連合軍が占領したるライン左岸の地方を謂うなり。しかして姉崎博士は仏人ナイト君（仏国政府極東課員）及〔び〕ブロッシュ少尉（我々この度の旅行に仏国政府より特に案内として附せられし人）の二君と共にヴエルダン戦跡見物の為、十七日先発したれば余はその跡を逐《お》いて十八日夕一行の宿舎なるヴエルダン城塞へと赴けるなり。

この城塞はルイ十四世時代の築造にかかり四周繞《めぐ》らすに数十丈の石垣をもってす、しかして士官兵卒等の室は皆地下にあり、煉瓦造の隧道縦横に通じその中に板囲いを為して各自の室に充つ、予の宛《あて》がわれたるもまたその一にして中に寝台と小さき洗面台とを備え兵卒等親切に水等を運び呉る。予はこの室にて一日の汗と埃とを拭いし後同じ地下室なる食堂に出でしに姉崎氏一行の外これも戦跡見物に来りしと云う丁抹《デンマーク》人の一行あり、当要塞の司令官某大佐を中に囲みて戦争談に花を咲かせ居たるが仏語なれば予には少しも解らず、大急ぎにて空腹を充たし、後己れの室に帰りその夜は薄暗き電灯の下に横たわりながら、壮烈を極めしヴェルダン籠城の当時を想い浮べつつ寝に就けり。

ヴェルダンの戦は今次戦争における二百三高地なり。市街を瞥見《べっけん》するに嘗《かつ》てランスにおいて見たるが如き甚だしき荒廃の状を呈し居らずといえども、市街を中心として東西約四十キロ南北約二十キロの広汎なる範囲に亙り、弾丸雨の如く注ぎて山川草木ことごとく旧態を一変したりと云うに至っては、ただただ驚くの外なくペタン将軍の率ゆる仏軍が四十万の兵をもって百万の独軍を支え、四年の久しき間［ﾞ］能く堅忍自ら持して遂にこの地を敵手に委《まか》せざりし事は、世界戦争史に特筆大書せらるべき最も光輝ある功勲たらずんばあらず。

回顧すれば紀元九世紀の頃全欧の権力を一身に集めたりしシャーレマン大帝［✤48］がその領土を三子に分割して与えたる時の条約は、実にこのヴェルダンにおいて結ばれたるものにして世にヴェルダン条約と称せらるるもの即ち是なり。この条約は爾来千年を隔つる今日に至る迄仏独の間に紛争の絶えざる因をなせしものにして、この度の戦争の如きも一面その本源を尋ねれば遠くこのヴェルダン条約に迄遡るを得べし。聞く所によれば独帝は今次の戦争により幸にして全欧統一の夢想を実現し得たる場合には、シャーレマンの昔欧洲分割を定めたるこのヴェルダンの地において欧洲併合の約定をなさん下心なりしと云う。

翌十九日朝予等一行四人自動車を駆りてヴェルダンよりメッツに向う、市街を出ずれば浩々たる平野限りなく展開し来る。処々に森や林はあれど枝も葉も皆砲弾に振い落されて残れるは唯半焼となれる幹のみなり、幾千幾万とも数知れぬ丈夫の草むす屍朽ち果てたる野原には、一面に色濃き罌粟《けし》の花の咲き乱れて紅の血汐に染めなせしかと疑わる。我々はこの間を疾駆する事十数哩《マイル》、沿道無数の鉄条網と塹壕とに当年竜攘虎《りょうじょうこ》搏《はく》の面影を偲びつつ、ヒンデンブルグ線を越えてエタンの村に来る。全村崩壊して寒草茫々、唯一片の断礎を有するに過ぎず。それより進みて鉄の産地ブリエーを過ぐれば独仏旧国境に達す。国境といえども街道に唯一軒の看守場建てるのみ、今は閉鎖せり。これより先はローレン州なり、一路直にメッツに向って斜に下る。遥に望めば雲煙模糊の間に帯の如きモーゼル河とメッツ寺院の二角塔と夢の如く浮び来る、実に絶佳の風景なり。

メッツは有名なる要塞地にして高き丘の上にあり、茫々たる平原を一眸《いちぼう》の内に収め脚下にはモーゼル河洋々として流れたり。モーゼルに面せる傾斜地に樹を殖《う》え芝を生やして公園となす、

✤48――フランク国王のシャルルマーニュ（Charlemagne 七四二―八一七年）。カール大帝のこと。八〇六年に「国王分割令」を定めた。

緑樹と芳草と碧流を蔽《おお》いて一幅の水彩画を展《ひろ》げたるが如し。公園の中の大道縦横に通ず、ブルバード・ポアンカレーと云いベニュー・ジョッフルと云う何れも最近附せられし名称なるべし。処々に独逸時代の銅像あれど多くは曳きずり下されて今は台のみ残れり、予等の公園を漫歩するや一老翁に会す、この翁は千八百七十年ア、ロ二州の独領と変ぜし際、この地を去り今又仏領となるに及び（五十年振にて）この地に帰り来れりと云い喜色を満面に漂わせり、一般にローレン州はその人民のほとんど全部仏人なれば、アルサス州とは異［な］り挙《こぞ》ってこの度の仏領復帰を喜べるものの如し。

メッツ市街は狭くして家並も小さし、唯その間に斬然として頭角を抽《ぬき》んずるものはカトリック寺院なり。この寺院は有名なるストラスブルグ大寺院に比すれば規模小なれど内部外観共に甚だ壮麗なり、この寺院にて驚きし事は周囲に多く聖者の像を安置せる其中に聖母の像と相並びて独帝の像を据えたる事なり、いかに独帝なりとてまさかかかる事を強要したるにも非ざるべく恐らく、阿諛《あゆ》追従《ついしょう》の徒の愚なる仕業なるべし。此寺院の長老の邸と云うは中世紀の建築にして頗《すこぶ》る古色を帯び門構等も甚だいかめし、長老は我等を珍客なりとて喜び迎えぬ。姉崎博士は専門の上より種々質問されしが長老は同行二名の仏人を憚りてか十分に所思を述べざりしが如し。その時の話にこの寺院の如きも千八百七十年前仏領当時は仏国政府より莫大なる保護を受けしも、その後仏国は千九百七年に至り政教分離を行いたれば今日再び仏領に戻りても以前の如き厚遇はなかるべく、独逸の治下にあると毫も異《すこし》［な］らざるべしと云う。因《ちなみ》に独逸は宗教に就ては各連邦に全く干渉をなさずババリヤの如き、ア、ロ二州の如きプロシャが新教なるにも拘らず旧教を奉じ宗教上は羅馬《ローマ》法王に直属し居たる也。尚戦争中羅馬法王は多少独逸の肩を持ちし形跡ありと云うがこの寺院は如何、と際どき質問も出でしが長老は笑って戦争中法王庁との交渉は全く杜絶の姿なりきと答え、辛うじて御茶を濁せり。

二十日午前メッツ駅より汽車にてストラスブルグに向う。汽車は独逸製なり。構造のいかにも頑丈なる事独逸式を発揮せり。その他あちこちに注意書の夥しく貼り付ける等独逸官僚政治干渉政治の面目躍如たるを見る。途中ザーベルンを過ぐ、此地一寒村に過ぎざれどかの有名なるザーベルン事件を惹き起したる所と思えば今となりて層興味を覚ゆ。ザーベルン事件とは独逸軍人がこの地の人民を虐待したる事件にて、当時はこの為めに独逸全国に亙りて軍閥反対の気勢揚り、社会党を始め議会の多数は宰相不信任を決議する迄になりしが、時の宰相ベートマン・ホルウエッヒは頑としてその職に止まり、一方軍閥の頭目連はこの気勢を外に転ぜんとして遂にこの度の戦争を企らむに至りしとまで云わるるなり。ザーベルンより鉄道は運河に沿うて走る。この運河は奈翁の作りしものにしてストラスブルグよりナンシーに通ず、蓋し奈翁は大陸封鎖と相呼応して大陸内部の交通運輸に資せん為、この運河及ラインよりエルベに至る運河を利用したるものなり。しかして此運河は今日もなおその重要を失わず、仏国政府は更にこれを改造拡張せん計画なりと云う。奈翁が先見の明と組織の才とは驚嘆に値するなり。

正午ストラスブルグに着き直に軍司令部を訪う。この家は昨年独逸革命の際ソビエットに占領せられこの屋根には革命の赤旗翻りしが昨年十一月仏軍の手に帰してよりは此処に軍司令部置かれ、かくてアルサス、ローレン二州に対する軍政の中心と為れるなり、我々はそれ一室に待つこと暫時、やがてグーロー司令官は出で来れり。この人はフランスの戦いに雄名を轟かしたる隻腕の鬼将軍なり。我等を迎うる為特に日本の旭日章を佩用し食堂に導きて叮重なる午餐の饗応あり。将軍の談によればこの地にある独逸人は少くも表面上温順にして学校の如きすべて仏語に改めたれど何等反抗の色を見ずと云う。席上種々の日本談出でしが将軍は文事にも嗜みありと見え、頻《しき》りにラフカジオ・ハーンを推称して措《お》かざりき。

司令部を辞してストラスブルグ大学に赴く。大学前にゲーテの銅像あり、文豪は国境を超越し治乱興亡を超越するを示す。ゲーテの像と相対したる正面には旧独帝の離宮あり、その前の石段は独帝が全盛当時、しばしば群集に向いて得意の雄弁を振いし所なりと云う。ゲーテは悠然として立てり、独帝今何くにある。夫《それ》と是《これ》とを対比し来って又一種の興味なきを得ず。大学は此日日曜にして講義なかりしも貼出を見るに教授の多くは仏人と入れ変りしものの如く法科の如き凡て仏語に改まり居れり。元来此大学は独逸において重きをなせし大学なればその跡を継ぎし仏人教授諸氏は大に発奮を要するなり、仏国の大学は巴里・里昂《リヨン》等を除き他はほとんど言うに足らず、この度此大学を其一に加えて教授諸氏励精努力せば蓋《けだ》し仏国学界に大なる刺戟を与うるや必せり。

ストラスブルグの市街はメッツよりは独逸式色彩遥に濃厚なり。街頭の看板等独逸文字多く今その大部分は仏字に塗替中なり。何処に行きても独逸語は通ずれど同行に仏人あれば多くは先方にて遠慮して口にせず、概して当市を始めアルサス州は独人の数仏人より多けれどもその国家的観念は甚だしく熾烈ならず、仏国に対し敵意を有せしものはすでに占領以前当地を去りしものの如く、今残れる大多数のものは善政さえ施して貰えばどちらでもよろしとせるものの如し。市外の公園にてはこの三箇月間連日連夜戦勝祝賀会催され、殊に二十日は日曜の事とて非常の人出なりしが、仏国々旗をもって飾れる大舞踏場においては独人も仏人の中に混りて共に踊り居たりき。

この地の大寺院は巴里のノートルダムと併称せらるるものにして十世紀の頃始めて建造に着手し十五世紀に至り漸く竣工せるものなり。随って建築様式も其間に時勢の影響を受けて次第に変化したりと覚しく、ロマネスクの所あり、ゴシックの所あり、塔の高さは百四十米《メートル》突にして毅然として半空に懸り、世界第二の高塔と称せらる。この寺には又有名なる時計あり、十九世紀の始め或天文学者の作製に係る。太陽、月、地球等何れも小さき円球を以てこれに現わし、時計の動くと共に日月の進行を一目瞭然たらしむるのみならず、宗教の年中行事迄も現れ来る。しかして作者はこの時計の製作にその一生を捧げたりとの事なり。

ラインの本流は市の東約一哩《マイル》の所を流るるも河水氾濫を防ぐ為これより数条の支流を分ちその

支流は市中を貫流せり。本流に架する橋をケールブリッジと云い対岸ケールに通ず、ケールは即ちバーデン領なり。この度の媾和条約において独逸がもし忠実に条約履行をなす場合には連合軍は五年若くは十年を期限として占領地より撤退する旨の規定あれど、特にこのケール及マインツの橋頭は十五年の期限を附せられしのみならず、ストラスブルグとケールとは仏国行政権により て七年間一箇の単位として統治せらるる事となり居れり。これ重大なる経済上の理由存するなり。蓋《けだ》しケールが従来独逸によって経営せられし規模は甚大にして鉄道、船渠、工場等他日の発展をトすべきもの多々あり、かつストラスブルグと異［な］り直接ライン河に面するが故にこの地にして独逸の領有に委《まか》せんか、河川運輸によるこの地方の物資の集散（主として石炭、肥料）はこの地に吸収せられストラスブルグに取りて恐るべき競争者となるのみならず、遂にはストラスブルグの繁栄を奪い去る結果となるなり、ここにおいて連合側の駐独の手はこの地にも延びてかかる規定を見るに至れり。

予等は自動車にてケールの町を巡視し、一独人の家の前に車を駐めて独逸語にて話しかけしに最初は彼等も意外に驚きて家の中に逃げ込みしが、後には老母妻女等出て来りて人懐しげに我々を見守る様憫然なりき。聞けばこの家の息子は俘虜となりて今英国にありとか、戦争中はいかなりしかと問いしにただ辛かりしと云う、今は宜しからむと云えば、然《しか》りと肯きされど戦争前はなお一層よかりしと附け加えたり。傍に小さき子供の泥いじりするを指しながらこの子も戦争中に生れしが今はこの様に大きくなれり、早くこの様を父に見せたし等と云う、我々は慰問の言葉を遺して其処を立出で帰館したり。

二十一日終日雨にして旅館を出でず、二十二日早朝ストラスブルグ発の汽車に投ずれば占領地の事とて何れの客室も仏国将校にて充満し座席に着くを得ず、遂にマインツ迄四時間立往生の憂目を見たり。途中アルサス州と独逸との境にして昔仏戦争の折激戦ありしと云うウイツセンブルグを過ぎ又ルーテルが獅子吼を以て有名なるウォルムスを過ぐ、この日もまた雨なり。駅路粛条として烟霧に鎖《とざ》さる、敗退の独逸と思えば草も木も生気を失える感あり。

マインツに来れば最早純然たる独逸市なれども、占領地なれば仏国兵意気揚々として大道を闊歩しつつあり。これに対し一般市民は何となく威圧を感じ居るものと見え気勢更に揚らず、軍服を纏える同行のブロッシュ少尉と電車に乗れば乗客は皆何か恐ろしき者でも入り来りし如き面持して尻込をなす。談話も仏人の前にては小声になし、どことなく遠慮の風あり。偶我々が独逸語にて話しかける時は非常に意外の感をなし、いかにも嬉し相に何やかやと戦争中の事等物語る様痛わしかりき。彼等の言う所を綜合するに戦時中最も苦しみしは食物の不足なりしが如し。ストラスブルグにてはそれほど目に立たざりしがこの地に来りて明［ら］かに認めらるるは小児殊に十二［、］三歳位の所が顔色青ざめ発育不充分なる事是なり。蓋し発育盛りの所を四年間も栄養の不足に苦しめられしことなれば左もあるべく［、］またもって封鎖の如何に有効なりしかを知るべし。彼等は食物の点に就きては仏軍の占領を感謝し居れり。聞けばこの地方は占領と共に食物の供給甚だ豊富となり、人民蘇生の思いをなせしも占領地以外の他の独逸諸地方は今なお飢饉状態を脱せざる有様なりと云う。彼等の衣服もまた甚だ粗末なり、戦時中貧民の子女は紙の衣を着たりとの噂ありしが矢張り事実なりき。

旅館料理店における客の大多数は仏国将校にして給仕人は大方戦地より帰り来りしと覚しき独逸の青年なり、昨日迄は鎬《しのぎ》を削りて戦い合える敵同士今かかる場所に相会して双方如何なる感かあらん。マインツにて余等を案内し呉れし仏国士官は西部戦線の各方面にて戦闘に参加したる人なりし、その人の話に先日或芝居小屋にて隣席に除隊されし独逸青年ありしかば段々戦争の話をする内、某月某日某所における戦闘に従えりと云うによく考えて見れば自分もまた丁度その戦闘に参加し居たりし事を思い出し覚えず手を取り合いて互の身の無事と奇遇とを喜びたりきと云う。

マインツの市街を一巡して後我々は汽車に投じてライン河を渡り、ウイスバーデンに赴けり。此処は占領地以外なり、ウイスバーデンは温泉地として有名なる所千八百四十年ナッサウ公この地に居を定めてより人口また大に増加し今は十万を超ゆ。市街甚だ清潔にして家屋輪奐《りんかん》の美、いわゆる独逸式の粋を鍾《あつ》めたりとも云うべく余等の泊りしホテルナッサウの如きは規模の宏大にして装飾の華麗なる事巴里一流のホテルといえども遠く及ばず、ホテルの前は公園なり。鬱蒼たる森林をもって囲まれ、中に芝生ありて紅緑様々なる美花を植え、また処々にウイルヘルム、シルレル［✤49］等の白き大理石像を配置す。地域甚だ広からずといえども幽邃《ゆうすう》にして清楚なる市街と相俟ち好個の遊覧場なり。

　二十三日午前ドルテン氏を訪う。氏はいわゆるライン共和国の大統領と仰がるる人、現にその運動の中心として問題の人たるなり。氏の家は公園裏手の高台にあり、この辺り幽静閑雅にして瀟洒たる別荘相並ぶ。氏の家もその中にあり門前に巡査二名徘徊し居る外普通の家と毫も異［な］らず、導かれて応接室に入れば日本の金屏風あり支那の彫刻ありて主人公が多趣味の人なる事を物語り居れり。やがてドルテン氏は極めて快活なる面持にて出で来り、我等四人に椅子を与えたる後仏語独語取り交ぜにて約一時間に亙り将に生れんとするライン共和国に付その所信を披瀝せり。氏は打見たる所四十を余り越えたりとも見えず、赭顔無髯《しやがんむぜん》にして何処となく米人の型あり、議論の高潮に達するや眉を揚げ肱《ひじ》を張り飽迄《あくまで》人を説破せずんば止まざらんとす。

　抑《そもそ》もライン地方とはナッサウ、普領ラインランド、ファルツウエストファリア等の地方を云う。この地方は往昔羅馬《おうせきローマ》人の殖民地として最も早くその文化の余沢を蒙りし所にして、他の独逸地方と異［な］り、特殊の種族より成り、特殊の言語を用い、特殊の文化を有し来りしも未だ今日迄

✤49――ゲーテと並びドイツ古典主義を代表する詩人、歴史学者、劇作家、思想家であるヨーハン・クリストフ・フリードリヒ・フォン・シラー（Johann Christoph Friedrich von Schiller　一七五九－一八〇五年）のこと。

一国を形成するに至らず。ナッサウ公園の如き夙《つと》にプロシヤに併合せられ、曽《かつ》て自由市たりしフランクフルトも同じくプロシヤ領となり、その他或はババリヤに或はヘッセに併せられて支離滅裂の状態にありしなり。是等地方を各その主治国より分離せしめたる上、共通の文化を基礎として一のライン国家を作らんとする企［て］は余程以前よりありしもこれが具体的運動となりて表れしは、昨年来の独逸革命の際にしてこの革命はかかる運動の勃興に好個の機会を与えたるものなり。

ドルテン氏は今日各方面より種々の批評を受け、毀誉《きよ》褒貶《ほうへん》相半する有様なるがその非難せらるる重なる点は、氏が仏国の手先に使われつつありと云う事なり。蓋《けだ》し仏独将来の葛藤を防ぎ、仏国永遠の安全を図るべき最大の保証は仏独間に介在する一国家の新に建設せらるる事にあるが故に、かかる非難の起るは誠に当然にして或は事実仏国の裏面的活動が効を奏しつつあるものなるやも知れず、しかれども氏自らはこれに対して次の如く弁解せり。

余は飽迄独逸人たるを誇りとす。此度の計画も独逸より分離せんとするに非ず、ライン地方に自治独立の共和国を形成するも素より独逸連邦の一として其組成分子たるなり。ただ、今日の伯林政府にては到底戦後独逸の難局を引受くる力なきが故に我等の共和国自ら進んでその大任を負担せんとす。

ドルテン氏は伯林《ベルリン》をもってすでにボルシェビキーの手中に在りとし、独逸を救うには先ずボルシェビキーと戦うの覚悟を要すとなせり。又氏は社会主義に対しても全然賛意を表せず［、］氏に従えば真正のデモクラシーは人民全体の基礎の上に立たざるべからず。プロレタリヤートを本位とする社会主義はブルジョア本位の資本主義と同じくデモクラシーの敵なりとなす。その言う所往々にして余りに純理に走る嫌いあり、これ氏が一部よりは又空想家なりとて排斥せらるる所以なり。しかれども氏を中心とする運動は実際において着々歩を進め相当の成績を挙げつつあるが故に或は近き将来において若き共和国と共にこの若き大統領の出現を見るに至ることなきを保《ほ》せざるなり。氏は又ライン各地方の市町村長、購買組合長百万人この計画に参与し互に連絡を取りて運動しつつありと云い、現にフアルツの一部においては約十三万人の人々共和国加入の決議をなせりとてその決議文を示されたり。

更に氏は対外政策において飽迄平和主義を執ると云い、独逸従来の国家主義、侵略主義をもって誤れりとし、国家の物質的繁栄は往々にしてその精神的文化の発達を阻害する所以を述べ奈翁《ナポレオン》戦争の後独逸の理想派哲学の勃興を見たると同じく今次戦争も独逸をしてその物質的迷夢より醒めしむる動機たるべしと説けり。しかれども思うに奈翁戦争時代における独逸国民の生活は今日と比較すべからざる程簡単素朴のものなりしなり。従て国を挙げて奈翁が鉄蹄の蹂躙《じゅうりん》に委したりとするもその受けし物質上の苦痛は近世人の感ずる如く甚だしきものにあらざりしなるべく、却《かえつ》てその為に自由に対する熱烈なる一種の宗教的憧憬を生じ、かくてシルレル、フイヒテの理想主義が十九世紀の独逸を風靡するに至れるなり。

しかれども今日は当時と事情大に異［な］れり、戦争開始以前外に対しては巧妙なる経済的膨張により、内にありては優良なる幾多の社会政策的施設により近世的にして濃厚なる物質生活の甘露を吸い始めたる独逸国民が、今この大打撃を受けて翻然大悟《ほんぜんだいご》すると共に物質において失いしものを心霊において償わんとし、断乎として従来の針路を捨て精神的向上の途を辿るに至るや否やは、けだし大なる疑問とせざるを得ず。聞く如くんば独逸においても戦争中いわゆる成金なるもの簇出《そうしゆつ》せしが彼等の多くは折角出来たる金も国内の不安と連合国に対する莫大なる負担の為に、将来はどうなるや知れざれば今の内に思う存分使うに如かずと云う如き自暴自棄に陥れるものの如く、現に余もかかる有様を実現したることしばしばあり。一般市民がいかにも見すぼらしき粗服を纏い意気銷沈せるに反し、彼の成金輩は生粋のパリジヤンもなお及ばざるが如き装［い］をなしてカフエー等に陣取り盛んに三鞭酒《シヤンペン》を抜きつつ泥酔し居るなり。余は独逸の将来がドルテン氏の推測しもしくは希望するが如き方向に進まずして、却て反対の方向に進む可能性の多々あるを看過する能わず。要するに精神的にも物質的にもその前途は決して楽観すべからざるを信ずるものなり。

二十四日ウイスバーデンを発しライン河に沿うてボンに向う、此行舟航を欲せしも此地方は河川の交通今なお甚だ不便にして二三日の内には到底乗船し得る見込なしとの事に已《や》むを得ず汽車に由《よ》れり。船行なればライン両岸の展望を恣《ほしいまま》にしつつ悠々として一日の清遊をなし得たりしならんも左岸に沿うて走る汽車中よりは唯右岸を望み得るに過ぎず、かつ速力速き上にしばしば隧道ありて眺望を妨げらるるは遺憾なりき。マインツよりピンゲンに至る間ラインは洋々として平野の中央を貫けり、ピンゲンを越ゆれば両岸の山次第に迫り来りて水勢漸く加わる。流れいよいよ急にして山は肉を削られ骨を露わし遂に断崖をなせり。断崖の上には此処彼処に半崩れかかりし古城址ありて風雲往来す。このあたり中世の諸侯が浪漫的史劇を演じたりし舞台なれど［、］駒に鞭うちてラインの流れを乱せし騎士の勇姿は今あらで［、］川波の音［、］昔に咽《むせ》ぶ許《ばか》りなり。途中ハイネの詩によりて有名となりしローレライを過ぐローレライは高さ四百三十呎《フィート》に達する一大巌にしてその麓《ふもと》を急流の洗うに任せて毅然として聳立《しょうりつ》す。水底もこの辺最も深くして約八十呎《フィート》に達すと云う、この地伝説文学によりて一世に喧伝せらるるといえども妙義《みょうぎ》耶馬《やば》渓《けい》の奇あるに非ず、風景として特に称すべき所以を知らざるなり。

正午コブレンツに下車す、この地は米軍の占領地にして従来経過し来りし仏国占領地とは異［な］り自動車夥《おびただ》しく往来す、ラインとモーゼルとはこの市の北端において分岐す、この地点を称してドイツチェスエック［Deutsches Eck］と云いウイルヘルム老帝騎馬の大銅像立てり。おおよそ独逸に入りて常に目を惹くは国家の威厳を示さんとして苦心しつゝある跡の歴然たること是なり。この銅像の如きもその一例なるがその他建築と云い、公園と云い、あらゆる公共的設備に付きこれを見るも独逸の偉大と強勇とをこれ見よがしに表わし居る所、余りに露骨にして却て反感を起さしむるものなきに非ず。この傾向は戦前においてほとんど頂点に達し居りしものの如く国家主義差別主義を高調するの極は成るべく他国と異［な］る点多きをもって尊しとするに至り、文字の綴りの如きも従来Cを用い来りしをKに改め、SをXに改むるが如き事迄なしたるが如し。

ボンに着きしはその日の夕刻なりき。この地は大学都市と謂わるるだけありて他の都会の如く喧騒ならず、静寂にしていかにも落付きたる心地す、学問読書には実に恰好の処なり。当地の大学は嘗《すべ》てカイゼルも学びたる所、歴代の皇太子は大方此処にてその文事の方面の教育を完成する例なりと云う。学生の数は平時三千乃至《ないし》四千人位なりしが最近激増して七千人に達せり。其故如何と云うに占領地以外の独逸地方は昨今ボルシェビキ運動盛にして政府の威令行われざる為め甚だ不安の状を呈し居り、学生は到底勉学にいそしむを得ず、依て是等地方の大学に在る者は多く安全な占領地に逃れ来れるなり。連合軍の占領が経済上より独逸人の不安を救いつつある事は先に述べしが、これをもって見れば学問上においてもまた大［い］に利益を与えつつあるを知るを得べし。なおアルサス、ローレン二州が仏領となりてストラスブルグ大学その他の学校の仏語を用い仏法を教ゆるに至りし結果は自然独逸学生激増の一原因なるべし。彼等は一種独特なる帽子を冠り、三々五々街道を漫歩しつつありしが他の市民の如く甚しき意気銷沈の態なくカッフェにては得意のビールを傾けて盛に気焔を挙げし居る者多かりき。姉崎博士の談によれば氏が先年留学当時は大学に女学生は皆無なりしが今は婦人にして大学に通えるもの多々あるを見受く。是も時勢の一変化なるべし。

我亡き父もまた明治十八年の頃その二人の弟（故津軽英麿、常磐井堯猷《ときわいぎようゆう》）と共に笈《きゆう》を万里の外に負うてこの地に来りこの大学に学生たりしなり。爾来三十余年は一夢と過ぎて父はとくにこの世の人に非ず、津軽の叔父もまたこの春突然の訃報に巴里の予を驚かして父の跡を逐《お》えり。当時三人の兄弟が寄寓したりしはラインと云う人の家なりき。この人はボン大学の教授にして明治初年日本に来り独逸語にて日本と云う著書を作せり。日本人にしてこの地に留学せる者は多くこの人の世話になりしものにて西園寺八郎氏の如きもその一人なり。予は幼少の頃よりしばしばボンの話を聞きて亡き父の師たる遠き異郷の未見のこの人に一種の懐しさを感じて居たりしかば、当地に来るや早速大学に行きてその健否所在を尋ねしに是また昨年一月病歿せりと云う。予はこれを聞きて心の痛みを覚ゆる事更に切なり。せめてはライン氏の未亡人になと会いてその侘しき寡居を慰めんと思い立ち、二十五日朝、花を携えてその家を問えばようこそ尋ね呉れたりとて予を抱かん許《ばか》りにして客間に導き入れ涙ながらに色々と昔の思［い］出を語られ、父君の居給いし頃の家はこの家にあらで某々街に在りなど懇《ねんごろ》に教えられたり。

予は居る事約半時間の後、衷心より未亡人が老後の安泰を祈りてその家を辞しぬ。

かくて予は二十五日午後この悲しく懐かしき追憶の地ボンを去りてケルンに赴き、一泊の上姉崎氏の一行と別れ、白耳義《ベルギー》を経て二十七日には又巴里《パリ》の人となれり。

第四篇　貴族院論

我国貴族院の採るべき態度

立法府において上下両院を対立させるいわゆる両院制度というものは、これを実際政治の運用の点から見る時は、極めて厄介なものである。なぜかというと、両院の対立は当然両院の衝突を予想するものであって、両院がその権利を避けて妥協して行くなれば、両院制度存在の理由は甚だ薄弱なものとなるからである。フランス革命当時の学者アベーシェーズ[✣50]は両院制度に反対して、『両院が常に意見が一致すれば両院制度は無用である。もしまた一致せなければこの制度は有害である』といったが、このジレンマは、以上の意味よりしてたしかに一面の真理を道破しているものといわなければならぬ。では、我国の貴族院はこのジレンマに処してどういう態度を採るべきであろうか。政治の円滑な運転を妨げても飽［く］まで両院存在の理由を楯に、その主張を通すべきであるか、或はその存在の理由は多少稀薄になっても、衆議院との衝突は出来るだけ避けたがよいか。この問題に当面して、私は我国の貴族院制度の精神を基礎とし、我国における政治上及び社会上の実情を参酌して考察すれば、敢［え］て後者を選ぶのが穏当であるといいたいのである。

◇

世界における憲法政治の母ともいうべき英国は、一九一一年にかの有名なる議会法を制定し、上院の権限を極端に縮小することによって、この両院衝突の問題を解決したのであるが、元来英国において両院関係の面倒になりかけたのは、一八三二年の選挙法改正の頃であって、いま一八三二年より一九一一年に至る約八十年間の英国憲政史を繙《ひもと》いて見ると、両院制度の実際運用に関して無限の教訓を与えられるのを覚えるのである。というのは、英国は日本と異［な］り上下両院の間に政党による縦断が行われて居る。しかして上院の多数は歴史的に保守党が占めて来たのであるから保守党の場合、（すなわち下院において保守党が多数の場合）には、両者の関係は円満であるが、自由党内閣の場合、（すなわち下院で自由党が多数の場合）には、右の如く上院における固定的保守党の多数の為に両者の関係が面倒になるという事情がある。にも拘らず、従来原則として上院の保守党領袖はよく上院の立場を理解し、よく自制して上院の権限を強いて主張せず、もって政治の運用を凝滞せしむることが少なかったという事実を発見することが出来るからである。しかるに一九〇九年、自由党内閣の蔵相ロイド・ジョージ氏が議会に提出した予算案は、その当時ローズベリー卿[✤51]をして『これは予算ではない革命である』とまで絶叫したほど急進的なものであったので、それまで自制に自制をして来た上院も、さすがにこの時ばかりは断乎たる態度を示してこれを否決し去った。そこで両院の正面衝突となり、自由党政府は上院の権限縮少《ママ》を旗印として二度まで議会を解散し、遂に一九一一年有名な議会法を成立せしめたのである。こ

✤50――エマニュエル＝ジョゼフ・シエイエス（Emmanuel-Joseph Sieyès 一七四八－一八三六年）はフランスの政治家で、フランス革命の指導者の一人。アベ・シエイエス（Abbé Sieyès）とも呼ばれる。著作に『特権論』『第三身分とは何か』などがあり、フランス革命の理論的主柱であった。

✤51――第五代ローズベリー伯爵アーチボルド・フィリップ・プリムローズ（Archibald Philip Primrose, 5th Earl of Rosebery 一八四七－一九二九年）は、自由党に所属する政治家。ウィリアム・グラッドストンの引退後に首相（任期：一八九四－一八九五年）を務めた。

の法律によれば、上院は金銭法案に対しては否決権も修正権もなく、その他の法案も三会期引続き下院を通過するときは、上院がこれを否決してもかかり合わず、ただちに元首の裁可を経て法律とするというのである。かくて英国の上院はこれがためにその権限は甚だしく縮小せられ、その存在の意義は非常に薄くなり、英国の両院制度は、その名こそ昔と同じであるけれども、その実は全く変ってしまったのである。

◇

我国においても、英国の如く貴族院の権限を縮小すれば、両院衝突の憂いは除かれるのである。しかしながら、我国の貴族院の権限を英国の如く極端に縮小してしまうことは、両院制度存在の理由を余りに薄弱ならしめるものであって、私は容易にこれに賛成することは出来ない。現に英国においてさえも、近年上院の権限を恢復して両院制度の効果を挙げよとの議論が相当強く行われて居る。のみならず仮に権限縮小その事はよいとしても、我国ではこれを行うためには、憲法の改正を必要とするが、憲法の改正は現在の如き摂政《せっしょう》治下《ちか》においては許されない。よし又摂政が他日その任を解かれる時が来ても、憲法改正の事に手を触れたとすると、これが変更改正に対する希望は、各条項にわたって恰《あたか》も堤防の一時に決潰するが如く相ついでおこって来て、遂には国家の基礎にまで動揺を及ぼさぬとも限らぬからである。ゆえに我国の貴族院の権限は、法的にはどこまでも衆議院と対等として置かねばならぬ。

◇

さて前に述べた如く、英国においては一九一一年の上院権限の縮小によって、両院の衝突ということは事実上跡を絶ってしまったのであるが、実はそれ以前にあっても両院の衝突を避ける一の方法があったのである。それは上院における政府党員を多数ならしめるために、必要なだけの貴族を新たにこしらえるという手段で、すなわち俗にスワンピングと称するものである。これを歴史に徴《ちょう》せば、自由党政府が上院の多数派たる保守党によって反対を受けた時、しばしばこの奥の手を用うることを仄《ほの》めかしてその威嚇だけで上院を屈服せしめた例が散見される。もっともこのスワンピングは一七一二年アン女王の時一度だけ実際に行われたことがあるが、その後は一八三二年上院がかの選挙法改正に反対した時の自由党のアスキス内閣等は何《いず》れもスワンピングの声明をしただけで、これが実行にかからない前に上院の方が兜をぬいでしまったのである。かくの如くスワンピングは解散の制度のない上院に対して採る政府の最後の手段であって、英国ではこれをもって憲法上正当にしてかつ重要なる武器と見ているのである。もし英国の政府にこの武器が与えられて居なかったならば、両院の衝突を阻止する的確なる方法を欠くこととなり、英国憲政の運用は行詰って如何なる不測の変を見たかも知れなかったのである。

これを純理からいえば、我国の貴族院の如く、衆議院と対等の権限を有する第二院が衆議院の多数党を背後に有する政府に向って戦を挑む場合には、政府もまたこれに対抗する手段として、英国における如く貴族製造の権能を有するが、もしくはベルジューム［ベルギー］の如く貴族院を解散する権能を有してもしかるべきものと思われる。しかしながら我国の貴族院には一定の制限があって、政府が無制限にこれを任命する訳にゆかない。また貴族院を解散することは、憲法を改正せぬ限りこれを行い得ないのである。しかも憲法改正ということの容易に採るべからざる手段であることは既に述べた通りである。して見れば、我国の貴族院はただにその権限が衆議院と対等であるのみならず、その法的地位は衆議院よりも遥かに鞏固《きようこ》で、一言にしていえば誠に難攻不落の城府である。従ってもし貴族院が両院制度の精神を尊重すると称して、その権限を極端にふり廻し、政府及び衆議院に肉薄する場合があるならば、法律上これを防ぐべき手段は何もないのであって、立法も行政も総て行詰りを来さざるを得ない。しからば我国において両院の衝突を防ぐにはどうしたらよいか。それは実に貴族院の自制ただ一つあるのみといわなければならぬ。

◇　◇

英国における両院関係が、ともかくも一九一一年まで円滑に運んで来た所以のものは、一面には政府がスワンピングという武器を握っていたによるけれども、又他面には上院における保守党の領袖がよく自制してその党員を率いて来た結果である。一八六四年の穀物条例は、選挙法改正後に起［こ］った大問題であるが、保守党の首領ウェリントン公の勧告によって上院がこれに抗争しなかった如きはその一例で、後世史家の激賞する所である。又一八六〇年パーマーストン［✤52］内閣の蔵相グラッドストーン［✤53］が提出した紙税廃止案は、政府部内にも異論があった位なので上院はこれを否決したが、翌年再びこれが提出を見るや、ダービー卿［✤54］は、この際隠忍

✤52――第三代パーマストン子爵、ヘンリー・ジョン・テンプル（Henry John Temple, 3rd Viscount Palmerston　一七八四－一八六五年）は自由党初の首相。二期にわたり首相を務める（任期：一八五五－一八五八年　一八五九－一八六五年）。

✤53――ウィリアム・エワート・グラッドストン（William Ewart Gladstone　一八〇九－一八九八年）は自由党の指導者。四度にわたり首相を務めた（任期：一八六八－一八七四年、一八八〇－一八八五年、一八八六年、一八九二－一八九四年）。

✤54――第一四代ダービー伯爵エドワード・ジョージ・ジョフリー・スミス＝スタンリー（Edward George Geoffrey Smith-Stanley, 14th Earl of Derby　一七九九－一八六九年）は保守党党首として三度にわたって首相を務める（一八五二年、一八五八－一八五九年、一八六六－一八六八年）。

するをもって得策とすると称してこれを通過させている。又一八九四年、ローズベリー内閣は、相続税累進制を採用せる蔵相ハーコートの予算案を提出したが、資産階級たる上院議員は直接その打撃を感ずるために、反対説が盛んであったにかかわらずソースベリー侯〔✣55〕は、『予算は来り又行くものであるであるから、しばしが程の辛抱である』と演説して、切にその逸《はや》る味方の面々を押宥《おしなだ》めてこれを通過せしめたのである。私は英国上院の如く政党化せる第二院――保守党の出店の観ある第二院が、自由党の政局に立つ場合、その内閣を支持する下院における自由党をもって与論を代表するものとする概念的政治原則を尊重して、濫《みだ》りに下院の保守党と相呼応して政府顛覆の陰謀を企てるようなことをしないで、よく自制して憲政の発展に貢献して来た事実を見て感嘆を禁じ得ないのである。しかるに我国の貴族院の如きは、元来政党と何等の因縁関係を有して居ないのであるから、その自制は英国よりは遥かに容易であるわけである。従って両院の衝突を避け、憲政の運用を円滑にするには、英国の上院などよりも遥かに都合のよい立場に置かれている。私はこの点を高調したい。

◇

しかるに近来我国においても貴族院の政党化を唱え、政党をもって両院を縦断することを主張するものがある。最近の多額議員選挙の結果に見ても、政党勢力の貴族院侵入ということは掩《おお》うことの出来ない事実である。けれども我国現今の制度の下にあっては、貴族院の政党化は決して歓迎すべき現象ではない。何故かといえば、貴族院の政党化、即ち政党による両院の縦断は、国民の与論を代表する政府与党の多数を占める衆議院と正面衝突をする可能性を多からしめるからである。もちろん英国における保守党内閣の場合のように、衆議院の多数党、たとえば甲党が、貴族においても多数を占める場合は、両院縦断であっても何らの不都合も生じないが、さて貴衆両院における政党の消長はいつでも都合よく一致し得るものではない。例えばもし一朝政変があって衆議院において乙党が多数を占め、該党が内閣を組織するに至る場合ありとせんか、貴族院にあっては甲党が依然として前日の多数を維持して変らない。しかるに我国の貴族院に対しては、政府は解散を命ずることも出来ず又スワンピングの方法をも行い得ないのであるから、甲党が貴族院の堅塁によって反対する時は乙党政府は全く施す策なく、その結果は両院の衝突となる。もっとも貴族院が政党化せずとも、両院の衝突は起り得るが、貴族院にして政党化して居なければ、貴族院議員各個の立場は極めて自由であるから、臨機にその思慮を働かすことによって、重

❖55——第三代ソールズベリー侯爵、ロバート・アーサー・タルボット・ガスコイン゠セシル（Robert Arthur Talbot Gascoyne-Cecil, 3rd Marquess of Salisbury、一八三〇－一九〇三年）、保守党の指導者として三度にわたって首相を務める（一八八五－一八八六年、一八八六－一八九二年、一八九五年－一九〇二年）。

大なる結果を招くことを避け得る可能性が多分に存する。

◇

これについては、或は英国の如きは政党による両院縦断が行われているにも拘らず、大なる弊害を生ぜずに進んで来たではないかという者があるかも知れぬ。しかしながら前述のように英国でも、歴代の自由党政府は、上院の多数が常に保守党であった為めに、甚だしい衝突は既記の如く少なかったけれども、実は上院の為めに困らせられたことはたびたびあったのである。その結果が、遂にかの一九一一年ブラッドフォードの演説において既にこのことを述べている。すなわち、

次の選挙において我党は百名の代議士を得るとせよ。我党の上院議員は三十名のみ。我党が二百名を得るとせよ、上院においては三十名のみ。三百名を得るとせよ。上院は尚三十名のみ。我党四百名、五百名、六百名を得るとせよ、上院における我党勢力は依然として三十名のみ。否、下院の全部を挙げて我党に帰するも、乗員の我党は三十名のみ。諸君、これ何たる滑稽ぞや。諸君の手足は束縛されているのである。諸君は投票に投票を重ね真黒になって投票しても事態は毫も変らない。上院は勝手に諸君の代表の代表者が通過せる法案を処分

するであろう。

と、もし現行制度のままでに我国の貴族院が政党化したならば、必ず何れかの政党がこのローズベリー卿と同じ嘆声を発せねばならぬであろう。

◇

英国においては政党に依って両院が縦断せられているに拘らず、一九一一年まで両院の間に大なる衝突を見なかったのは、もちろん上院自体の自制にもよるけれど、又一面には、政府がいざという場合に上院議員を任意に製造し得る権能、即ちスワンピングという奥の手を有していたからである。けれども上院牽制の何らの方法なき我国においては、両院の衝突を避けようとすれば、実に私の冒頭に述べたように貴族院議員自身の自制以外何物もないのである。この見地より私は貴族院の政党化を以て議員の自制心を弛緩動揺せしむるものであるとなし、随《したが》ってこれをもって危険を多く伴う試みであると断言するものである。故に我国現今の制度の下において、両院の衝突を避け政治の円滑なる運用を計るためには、一に貴族院自体の節制を必要とすると共に、その必須条件として、併せてその政党化をも避けなければならぬとするものである。

◇

されぱとて、私は如何なる条件、如何なる場合においても貴族院の政党化する事は絶対に不可であるとはいわない。ただ、現在の制度の下においては、これを避けねばならぬというのである。そのゆえは前述の如く、現在の制度のままで貴族院の正当化することは、当然両院の衝突を誘致するからである。ゆえに他日その制度が改正せられ、両院の衝突を避け得られる何等かの方法が発見出来たならば、貴族院の政党化も何等差支えないのであるがしかし将来といえども果して斯くの如き方法を発見し得るかどうかは甚だ疑問とせねばならぬ。即ち両院の衝突を避ける方法として、或は英国の如く上院の権限を縮小するか、或はベルジューム［ベルギー］の如く上院の解散を可能とする道はあるが、今その方法自体の是非はしばらく問わぬとしても我国においてはこれは憲法を改正せねば行われ得ないことである。しかも憲法改正の軽々しく行うものでないことは既に述べた通りである。しからば英国に行われるスワンピングの方法はどうかというと我国においても、よし英国の如くただちに貴族院議員を多数製造し得ないにしても、憲法に触れずして政府党議員を増加せしめる方法は全くないではない。しかしながらこれについては、行政府が立法府の独立を侵すという非難は当然起って来るであろうと思われる。かように論じ来れば、我が国において将来両院の衝突を避け得る道を制度の上に求めることは甚だ困難であるといわねばならぬ。

◇

斯くの如く、両院に関する現在の制度が当分変化せぬものとすれば、貴族院の採るべき態度はおのずから明白である。即ち貴族院は自ら節制して、如何なる政党の勢力をも利用せず、また利用せられず、常に衆議院に対する批判牽制の位置を保つと同時に、一面民衆の与論を指導し是正するの機能を有することに甘んじ、大体において、衆議院における時の多数党と、よし積極的に協調しないまでもこれに頑強に反対してこの志を阻むようなことがあってはならないのである。

◇

けだし、衆議院における多数党及びこれを基礎とする政府は、原則として国民多数の意志を代表するものであるから、これをしてその志を遂げしむることは、やがて多数政治の民本主義にかなう所以で、代議政治の本旨といわねばならぬ。しかしながら、ここに注意しなければならぬことは、貴族院としても、もし国民の意思が明かに政府及びその与党を離れつつあると見た時は、必ずしもこれに譲る必要のないことである。さようの場合、もし争点たる問題にして重大と見るならば、これに反対し、政府党にして敗北すれば、貴族院はよく民意を洞察したと称するを得べく、その行動は十分是認せられるわけである。これに反してもし政府党にして再び多数を得れば、貴族院が民意を正当に理解しなかったことを証するものであるから、ただちに譲って政府をしてその政策を実行せしめなければならぬ。けだし衆議院の多数党は如何なる場合でも絶対に与論を代表しているものということは出来ない。これは政治学者諸家の意見の一致する所である。総選挙後年久しく経るときは民意も変化しその政府に対する向背も動揺するのは自然である。英国の慣習によれば、もし補欠選挙において政府党がしばしば敗れる時は、これをもって国民の心がすでに政府を離れつつある徴証として、議会を解散し総選挙を行うことがある。かような場合においては、貴族院が民心の趨向に注意して、政府の政策に反対することは必ずしも不当ではない。

◇

しかしながら、かくの如き場合はしばしばあることではなくて、むしろ稀有のことに属する。ゆえに大体において、貴族院が、その時の多数党及びこれを基礎とする政府をしてその志を遂げしめることをもって常道とせねばならぬ。この態度は、解散を受けず、又スワンピングの圧迫を蒙ることのない我貴族院の道徳的義務である。これは政府に阿《おも》ねるわけではない、実に国民に対して忠実なる所以である。近時、我が貴族院［、］殊に研究会に対する世評の中に、昨日は政友会と妥協し、今日は憲政会と協調する態度を目して、これを娼婦の無節操にたとえ、冷嘲《れいちょう》悪罵《あくば》を加えた者が多数あるが、しかしかくの如きは、現制度下における貴族院の立場に対して余り同情と理解とを欠いた見方ではないかと思われる。

◇

斯くの如く、貴族院が大体において衆議院の多数党をしてその志を遂げしめることをもって方針とするならば、或は両院対立の理由は何処に在るかと問うものがあるかも知れぬ。なる程こうすれば、貴族院が衆議院に対する有力な牽制機関たる作用を薄弱ならしめ、多数政党をして横暴を恣《ほしいまま》にせしめる危険がないとは限らぬ。しかし大なる危険を避けるためには、少なる危険の可能性はこれを見のがさねばならう。然《しか》らば大なる危険とは何であるかといえば、両院対立の理由を法的に余り強く主張することに伴う危険である。今日までの経験に徴すれば、両院対立の理由を余りに強く主張することは、たまたま一部の野心家をして貴族院をその陰謀に利用せしめる結果となっている。従来我国にいわゆる官僚派と称せられる政治家の一派の存在していることは人の知る所であるが、この一派は政党を忌み嫌うこと蛇蝎《だかつ》の如く、延《ひ》いて両院制度の精神をもって政党の抑圧に在りとなせるものの如く、これが為に貴族院によって盛んに策動したような場合が見受けられる。しかしてその策動の結果は、両院制度本来の精神を越えて、貴族院をして政党に対抗する政治的陰謀の府たらしめた観がある。今やこの官僚は概ね凋落してしまった。けれどもこの官僚の故智に学び両院制度尊重の美名の蔭に隠れて、貴族院によって政府及び多数党に当ろうとするものが出て来る虞《おそ》れはなお明［ら］かに看取される。それは衆議院における少数党である。彼等は衆議院においては到底多数党に敵し難きがゆえに、貴族院を煽動して江戸の仇を長崎で討とうとする。

◇

これが英国等であって見れば、前に述べた如く、たとえ両院縦断であっても、自由党内閣の場合は、下院の少数派たる保守党が貴族院における自党の多数を恃《たの》んで政府顛覆を企てる如きことは、かつて見受けない処である。われ等の学ぶべきは実にこの点である。

我国の政党及び民衆の現状に鑑み、我貴族院をして衆議院の有力なる牽制機関たらしめることは、何人も異論はないであろうが、貴族院がもしその存在の理由を主張することに余りに執着して、その為には両院の衝突をも辞せぬというが如き態度を採る時は、結局右の如き政治的陰謀に利用せられて、その思う壷にはまるようなもので、これ程愚かなことはあるまい。殊に皇族及び華族をもって主要なる構成分子とする我国の貴族院が、国民代表の府たる衆議院と衝突することによって、民衆の志を阻む如きは、民本主義の趣旨に反するのみならず、一般社会上思想上に階級的反感の波を高からしめる基であって、甚だ危険なる行動といわねばならぬ。

かく見来れば、両院制度の法的解釈を余りに強調することによって生ずる危険は、両院衝突を避けることに依《よっ》て生じ得べき弊害よりも遥に大きくしかもその効果はこれに相反する。ゆえに我国の貴族院の採るべき態度は、よしその存在の理由を幾分薄弱ならしめる所はあっても、両院衝突という如き事態は、出来るだけこれを避けることでなくてはならぬ。是れ実に我国における両院制度の運用を円滑ならしむる所以である。

英国両院争闘史の一齣《コマ》

❖上院権限縮小案を繞《めぐ》りて

バンナマン［❖56］が自由党内閣を組織したのは、一九〇五年も押し詰ったる十二月であった。翌年一月には総選挙が行われて、自由党は思う侭に人勝した。是より以後の約六年間は、実に自由党がかさにかかって上院を圧迫し窮迫して、宿昔の志を達した記録である。次に自由党が如何に

❖56――サー・ヘンリー・キャンベル＝バナマン（Sir Henry Campbell-Bannerman、一八三六－一九〇八年）。首相在任期間は一九〇五年から一九〇八年。

多数を得しやを示す。（この表を初めとして、総選挙の結果は、総て保守党年鑑に拠る）

一九〇六年一月　総選挙の結果

自由党	三七六	保守党	一三四
労働党	五四	統一自由党	二三
愛蘭国民党	八三	統一党合計	一五七
政府党合計	五一三		
政府党多数	三五六		

右の如く自由党の多数は、絶対も絶対、大々的の絶対多数であった。しかるに彼等の提出せる教育と労働争議の二重要法案は、前者は上院によりて葬られ、後者は通過した。労働争議案の通過は、保守党が労働者を怖れたる故だと解釈せられた（労働党は前表に見ゆる如く、めきめきと頭を擡《もた》げていたのである）。自由党は政府も党員も上院に対する不平を抑え難かった。今やこの大多数をもってして、我案は保守党の上院によりて粉砕さるる事、此《かく》の如きか、この上は断乎たる手段に訴えざるべからずとは、彼等が心に誓う所であった。暗流は急である。

この時（一九〇七年）ニウトン卿は、上院改革案を提出したが、その案は撤回されて、上院能率増進調査の為の調査委員会が、ローズベリ卿を委員長として設けられた（この委員会の報告は後に掲ぐ）。

新首相バンナマンは一九〇七年五月、マンチェスタにて、上院権限縮小の決心を発表した。彼れ《ママ》曰く、『現下院は上院に都合善き法案のみを通過する為に、選挙されたものではないのである。今は自由党内閣、自由党下院であって、自由党案を通過すべく、極めて多数なる投票を以て選挙されたのである、何人が吾等を現在の地位に就かしめたるか。又吾等は何処よりして、我提案に対する権威と衝動とを得ているか。是等の問題を無視して、兎に角如何なる案にても通せる案を提出すると致したならば、吾々はその信任に背くものと申さねばならぬ。吾々は他の寛怒の下に立つ政府たるを欲しない、吾々は又国民より排斥されたる少数党の看護人をもって甘んぜない。国民の不信を被れる、少数党の首領は、上院にあるその徒党を頤使《いし》して、我自由党の事業を破壊し、国民の投票は有れども無きが如くにこれを取り扱うのである。此の如きは吾々の断じて承服し難き所である。これを過去の苦き経験に徴するに、苟《いやしく》も上院が下院の多数を無視して、これを少数同様に取扱う限り、選挙権の拡張も、教育問題の解決も、到底これを達する見込はないのである。故に我々は此の如き事態を終熄せしむべき方法を取らんとするのであって、適当の機会を見てこれを提出する筈である』と。

首相バンナマンは六月二十四日（一九〇七年）弥々《いよいよ》前言を踏んで決議案を下院に提出した。その趣旨は『国民選出の代表者を通じて表出せられたる民意を実行せんが為には、下院案に対する他院の修正権或は否決権に対し法律に依ってこれに制限を加え、一議会中において（註、選挙から選挙までを一議会とす）、下院最後の決定が成立を見る事を期すべし』と云うにあった。自由党首相は提案の理由を説明して、保守党首領［アーサー・］バルフォア氏に肉薄したのである。『吾等は一六七八年及び一八六〇年の決議の先例を追わんとするものである。ビール［✣57］・ジズレーリ［✣58］両氏といえども、今の反対党首領の如くに下院を遇しなかった。本院を圧倒せんが為に、公然他院を呼ぶが如き、何等の奸計ぞや。ビール氏が保守党首領たりし時代において、下院案が粉砕、否決されたる事ありたるべし。然《しか》れどもそれは決してビール氏の発意に出でなかったのである。今や第二院が保守党の一附属物に過ぎざる事は、一点疑の余地なきに至ったのである。吾等は反対党首領又はその党派が、真に代議制度を容認せるや否やを疑わざるを得ぬ』と。

保守党首領バルフォアはこれに酬《むく》いて云う。『民意が果して服従されているか否やを吟味すべき権能は、憲法の範囲内において、何処にかなからねばならぬ。それは民意を阻止すると云う意味ではない。余の云う所は、堅実不変の民意である。或時或場所において表示されたる民意ではない。人民が時に過つ事あるは、吾々の斉しく知る所に非ずや』と。討論三日にして、決議案は四百三十四対百四十九［、］すなわち二百八十五票の大多数をもって通過した。当時労働党のヘンダソン氏は、上院廃止の修正動議を提出したるも、それは大多数にて否決されたのである。

その後バンナマン氏は、両院争議解決として、次の如き提案をなした。

第一段　両院異議を生ずる際は、両院より各少数の代表者を出し、秘密協議会を開き、一致案を求めしむ。もし一致案成立して、上院が第二議会にてこれを否決する時は、同案は次の会期に提出せらるべし。

第二段　協議会において一致案を得ざる時は、政府は相当期間の後（少くも六ケ月）、原案の侭若くは修正を加えて、これを再提出すべし。再提出案は討論終結法により、下院にて速決すべし。上院にて下院原案に修正を加え、下院又は上院の修正案に同意せざる時は第一段の如く再び協議会を開くべし。

第三段　第二回協議会又は一致せざる時は、政府は再び下院に提出し、速かに同案通過の一

✤57――ロバート・ピール（Sir Robert Peel、一七八八－一八五〇年）は保守党を指導し、二度にわたり首相を務めた（一八三四－一八三五年、一八四一－一八四六年）。

✤58――ベンジャミン・ディズレーリ（Benjamin Disraeli、一八〇四－一八八一年）は、イギリスの政治家。保守党党首として、二度にわたって首相（一八六八年、一八七四－一八八〇年）を務めた。第二次内閣では「トーリー・デモクラシー（Tory democracy）」と呼ばれる社会政策に基づく内政と帝国主義外交を行った。

切の手続を了し、それより上院に廻附して、同時に上院にて通過せざれば、其れに拘わらず案は法律となるべき旨を通達すべし。尤も、この場合といえども、第三回協議会開会の機会を与え、尚一致せざるに及び、初めて上院の協賛を待たずして案を法律となすべし。

是れ実に一九一一年議会法の因をなすものであった。しかも政府はこれを貫徹する所まで至らなかったが、バンナマン氏は一九〇八年四月五日、病をもって辞職し（四月二十二日逝く）［ハーバート・ヘンリー・］アスキス氏が彼に代って首相となった。しかして彼の後を襲うて蔵相となったのがロイド・ジョージ氏であって、是より上院権限縮小の本題に入るのである。

◇

この頃保守党は酒舗免許制限案を初め、しばしば自由党の政府案を否決しつつあった。しこうして民心も漸く自由党に倦《う》まんとする傾向も見えた。これが為か否かは知らず、新蔵相ロイド・ジョージは、当時四十五歳の勇気を振って、一九〇九年四月二十五日、一大予算案を議会に提出した。彼は大額の所得に重税を課し、相続税を高め、煙草税を重くし、酒税を増し自動車に課税し、麦酒石量税に改め、酒舗の免許税を高くし、新なる土地税を設けた。土地税の内容は、土地増価税、賃貸税、未用地税、鉱区税である。保守党は、これ予算に非《あら》ずして革命なりとて騒ぎ出した。案は六ケ月余を費し、十一月四日をもって下院を通過した［。］賛成三百七十九、反対百四十九、政府は二百三十票の多数を得たのである。

上院は如何に処すべきか。彼等が財政案にて手を焼けるは、遠き昔、両院分立以来の通則である。しかれどもジョージ案は余りと云えば乱暴狼藉である。国民とてよもこれを喜ぶまじ。十一月十六日保守党の上院々内総理ランスダウン卿［✤59］は遂に反対を宣言した。彼は『国民の判断に附したる後に非《あらざ》れば、本院はこの案に協賛を与うべき理由なきものと認む』との動議を提出した。十一月二十二日、右動議に対する討議に際し、ランスダウン卿は、もはや決議の外に余儀なしと声明して曰く、『予算拒絶の結果は考慮したのである。我々は、その難局に当面せんとするのである。吾等は一時の混乱は忍ぶべし、永久の混乱は堪ゆ可らず、諸君（自由党）は既に吾等を脅威していた。又前総理大臣（バンナマン氏）は乱暴なる計画を立てていたのである。上下両院の闘

✤59――第五代ランズダウン侯爵、ヘンリー・チャールズ・キース・ペティ＝フィッツモーリス（Henry Charles Keith Petty-FitzMaurice, 5th Marquess of Lansdowne、一八四五－一九二七年）は、はじめ自由党に所属していたが、自由統一党を経て保守党へ移籍した。保守党政権下で外務大臣を務めた際、日英同盟や英仏協商に調印したことで知られる。

争は遂に来らざるを得なかったのである。今日吾等がこの問題を争うをもって、賢からずとなす上院諸公に問う、今日責任を逃避するとせよ、将来必至の闘争に対して、吾等の位地果して如何なるべしとなすか』と。保守党は思えらくどうせ避けられぬ戦なり、戦うなれば今こそ善けれ、上院財政権の制限は云わず慣習のみ、法律的には吾等は嘗《かつ》てその権利を放棄せし事なし。よし其処に疑問はあるとも、自由党は革命的予算を突きつけたのである。しからば吾等も非常の手段に出でねばならずと斯くて彼等は邁進した。

この有様を見て最も憂慮した一人は、上院改革の熱心家なる前首相ローズベリであった彼は辞職以来、事実における中心とも云うべき立場にあったが、非常の熱心をもってその意見を述べた。曰く、『上院の存在は将に危からんとするのである。請う予算を実行に附せしめよ。しからば勝利は自ら諸君の掌中のものとなるであろう。反社会主義の政府は必ず出現せねばならぬのである。その時、上院を改造して、その位置を鞏固《きようこ》にすべきである。今日は余が一生中にて最も重大なる危局である』と。彼は革命的なる政治家の現出を歎じ、予算に大反対を表しつつも、これにて争うは上院の存在を危うくすとて、切にその否決を思い止らん事を勧めた。

モーレー卿は、ランスダウンの動議をもって、

『上院が租税権を僭奪するものなり、予算を拒絶して下院に懲罰的解散を強ゆるものなり。それは上院の好悪に依りて議会を取り換えんとするものなり。諸君は寡頭非代議政治をもって代議政

治に換えんとするものなり、諸君は本年の財政機関を全然転覆せんとするものなり。財政は人民直接投票に問うべきに非ざるなり。諸君もし多数を以て本案を破らんか、その多数なるだけ、政治的罪悪は甚だしきなり。憲法破壊は甚だしきなり』と絶叫した。十一月三十日討論は終り、三百五十対七十五をもって予算は否決せられた。ローズベリは特に採決に加わらず、又保守党中予算に賛成したものが八名あった。彼等は両院衝突の前途を畏れたのであろう。

十二月二日、下院は首相アスキスの動議により、『上院が予算を拒絶したるは、憲法を破壊し、又下院の権利を侵害せるものなり』と決議した（三四九対一三四）。年の瀬も越えて、一九一〇年一月八日下院は弥々《いよいよ》解散せられた。

首相アスキスは、『政府は英国憲法旧来の慣習を議会の法律となすべく、国民の承諾を得んとすのものだ』と宣言して、上院権限縮小の大旆を押し立てた。保守党のバルフォアは、『今回の事は実に自由党多年の計画を成就せんとするものにして、彼等は偶々予算案を以って上院を窮地に陥れたのである。上院は第二院の機能を発揮するか、然《しか》らずんば一院制の陰謀に勢威を添うる外なき立場に置かれたのだ』と云い、『この非常の予算案に対し国民に問うの途なくして可《か》ならんや。しからばその任務を取るものは上院を措きて、他にこれ無きに非ずや』と訴えた。

選挙の結果は敵にも味方にも案外なるものであった。自由党は少［な］くも百五十の多数を予期していたのである。保守党もも少し取れると思っていた。

一九一〇年　総選挙の結果

自由党	二七五	保守党	二四二
労働党	四〇	統一自由党	三一
愛蘭国民党	八二	反対党合計	二七三
政府党合計	三九七		
政府党多数	一二四		

一九一〇年二月二十一日、エドワード［七世］陛下は、親しく議会を開き、勅語を朗読あらせられた。勅語は政府の施設方針に言及せられるのが例である、その中には上院改造案と両院権限関係とを出されると云う意味が述べられた為に、政府与党は一方ならず途方に暮れたのである。この勅語に依れば政府が、上院改造と権限縮小と両天秤で往く積りは明白であるが総選挙中政府与党は決してそうした考えではなかった。彼等は上院拒否権問題に勢力を集中していたのである。特に首相アスキスが、旧臘《きゅうろう》解散前にアルバート館にてなしたる演説を頼みにしていた。当時首相は『進歩主義の政党として、立法上の効果と面目とを得るに必要なる、保障を得るに非［ざ］れば、吾等はその職を取らぬであろう』と云うた。与党はこれをもって首相は必然『保障の勅諚』

を頂戴しているものと速断したのであった。保障とは何ぞ、再々引合い出で来る『貴族任命』である。政府党は思えらく味方は必勝なり。新議会いよいよ開かれば、政府はただちに上院拒否権の制限案を提出すべく、上院の反対は『貴族任命』の奥の手にて突破すべし、首相は既にこの有難き勅諚を拝しているのである。宿志を達して凱歌を奏するは眼前にありと。彼等は勇躍して政戦に赴き、自由党も、労働党も、ないし国民党も、上院権限縮小の一点張りで奮闘したのであった。

かつ政府与党は、上院改造には少しも気乗りしなかったのである。蓋し上院改造に就ては、与党内にすら意見区々であった。労働党及び急進論者の多くは、一院制論である。自由党中には、選挙制により全然新規の上院を希望するものが少くはなかった。然《しか》し一方には選挙制とならば、却って上院の力を強むべしとて、反対説のものもあった。又中には、その権限さえ縮小すれば、貴族院は矢張り貴族の院として残し置くこそ善けれ、その方法は遂って詮議すべしと云うものも、随分多かった。斯く纏《まとま》りし意見なかりしかば、内閣大臣中にて、上院改造の選挙演説をしたのは、独り外務大臣グレー伯［✣60］のみであった。しかるに何ぞや、今や政府は改造と権限縮小と両また

✣60——初代ファラドンのグレイ子爵エドワード・グレイ（Edward Grey, Viscount Grey of Fallodon、一八六二－一九三三年）は自由党所属の政治家で、鳥類学者としての貌も持つ（本書三七ページ参照）。第一次世界大戦開戦時のイギリスの外務大臣。

をかけんとす。それも早く片づかば、必しも苦情を云うに及ばざれども、改造案でも提出したが最後、いつ解決がつくか知れぬのである。何故に政府は権限縮小の一本槍で進まぬのか。与党議員の公平や愚痴は非常なものであった。

しかるに首相アスキスは、勅語奉答案の討議中上院議員任命の、『保障』を頂戴せし事はないと明言して、重ねがさね与党の頭上に冷水を浴せかけたのであった。彼は曰く、『私は全く率直に本院に向って告ぐるのでありますが、私は左様なる保障を頂戴致して居らぬのであります。又私は左様なる保障を奏請致した事もないのであります。熟々《つくづく》思いまするに、我国の政治家――責任ある政治家の義務と致しまして、陛下の御名と君主の大権は極力党争以外に置くべきものと信じます。将来必要の生じましたる際には、或は奏上し奉る事があるかも知れません。左りながら議案は未だ下院に提出せられてはいないのであります。又下院の協賛を得ていないのであります。しかるに漫然として大権の行使を奏請し、事前においてブランクの権限を求めまするが如きは、立憲政治家の断じて為すべからざる所であると存じます。又陛下が此の如き事を御裁可あらせらるべしと予知すべき筋合のものに非ずと存じます』と。条理整然、天晴れなる態度である。

しかし自由党員の失望は一通りでなかった。彼等は三々五々、議院の廊下やバルコニーに出て、『勅諚を拝していぬとよ』と、話はそれで持ち切りであった。加うるに、権限縮小の一本槍か、或は上院改造と云う厄介なる道連れを伴うか、閣員の中でも意見が分れていると云う風説が伝えられた。グレー外務大臣の如きは、我党の手にて、上院改造を行わざれば、将来不測の禍を被るべしと主張していたのであって、実際政府の肚はまだ確定はしていなかった。この気迷いの際に形勢を支配したものは、ジョン・レドモンドの率ゆる愛蘭《アイルランド》国民党であった。上院の愛蘭反対は多年の事である。即ち愛蘭党に取っては、上院と云う邪魔物の手足を捥《も》ぎ取り、一気に宿望成就の途を突進せねばならぬ。それには上院改造などとまだるき詮議は御免である。ここにおいてか彼等は『上院の権限を縮小せよ、左なくば予算も反対だ』と唱えた。解散後の新議会におけ る差逼ったる問題は、無論例の予算案を通過する事にあった。しかるに議会における党派の関係は、自由党二百七十五に対し保守統一党二百七十二にて、五分々々である。愛蘭党がその八十二名の勢力をもって、政府反対に廻れば、無論自由党の敗北である。愛蘭党は実に位地の主人公であった。彼等は遂に政府を強要して、権限縮小の突貫政策を取らしめた。首相アスキスは三月二十九日、政府は今期議会において、いよいよ上院拒否権制度に勢力を集中して進む旨を声明して、権限縮小並［び］に議会任期短縮に関する決議案を提出した。決議案は三条より成った、

第一　金銭法案――金銭法案に対しては、上院に否決権又は修正権なき事を、法律をもって制定する事。金銭法案たるや否やは、下院議長之を決定する事。

第二　その他の法案――金銭法案以外の法案にして、三回期引続きて下院を通過し、上院に

おいて三度これを否決する時は、上院の協賛を待たず、裁可を経て法律となす事。但《ただ》し最初提出より最後の議決までに、少［な］くも二ケ年間の間隔を要す。

第三　議会の任期——議会の任期を五ケ年とする事。

第一案は、全然上院の財政権を剥奪するのである。従来下院は此種の問題は、単に下院の決議のみを止め、これをもって有効なりと認めていたのであった。すなわち慣行は憲法なりと云う見解であったが、上院は再三、下院の決議に背いたのである。又上院に修正権なき事は上院自身これを認め居れるも、否決権に至っては、唯これを使わぬと云うだけにて、その権利はあるものと認めていたのである。故に今度こそは決議以上に進みて、立派なる一個の法律となし、抜き差しなく上院の財政権を褫奪せんとするのである。

第二案は前首相バンナマンの決議よりも、一層厳重に立法上における下院の優越権を確立せんとするのであって、これ又法律に依って確定せんとするのである。

第三案は従来議会の任期七年は長きに失するをもって、五年に短縮するのである。

右の決議案に対し保守党は、『有力かつ有効なる第二院は必要である。仍《よ》って本院は現在第二院の組織改正案を議せんとす、しかるに第二院の要務及び保障を破壊せんとする案に対しては、これが審議を拒む』との修正動議を提出せるも、それは四月四日、三百五十七対二百五十にて葬られた。しかして政府の決議案は、第一案は四月七日に、第二案は同十四日に第三案も同日にことごとく下院を通過した。

決議案既に通過したれば、次はこれに基づきたる法律案の提出である。法律案の提出は必ずしも条文を具備するを要せず。唯案名及び案の目的を記して一先ずこれを提出し、後に至って具体案を出せば善いのである。首相アスキスは歓呼の中に起立し、演説抜きにてただちにThe Parliament Bill, 1910を提出した（一九一一年の議会法なるものがこれである。同法はその前置において、上院改造は逐っての詮議に譲ると記されている）。次いで首相は麾《さしまね》かれて演説した。曰く『本案もし上院の容るる所とならざれば、政府は辞職か解散の外なし。但《ただ》し解散後の新議会において、民意を達すべき条件を得るに非れば、政府は解散を奏請せぬであろう』と。今度こそは解散前に『貴族任命』の勅諚を仰ぐ料見である。しかしてこの要求容れられずば、政府は辞職し、バルフォア氏をして少数等内閣を組織せしむると云う肚である。左ればこそ『民意を達すべき条件』を得ざれば解散を奏請せぬと云うたのである。

一方上院においては三月中、ローズベリ卿提出の決議案を議した。それは『有力有効なる第二院は、独り英国憲法の要部たるのみならず、又国家の安全並に議会の均衡に必要である。此の如き第二院は貴族院の改造に依るを最善とす。此の改造の先決問題としては、貴族世襲主義を取るべからず』と云うにあったが、保守党議員の演説者もまたことごとく改造の必要を認め、案は上院を通過した。しかして今回の大騒動を惹起せし予算案は、一九一〇年四月二十八日上院の協賛を得た。斯くして予算も片づき、もはや残るは権限縮小案の一つあるのみ。

◇

いよいよ竜攘《りゅうじょう》虎搏《こはく》の激戦を見んとする間際に、エドワード七世陛下は五月六日（一九一〇年）に崩御あらせられた。諒闇の際、平和の解決は国民の希望であった。両党の領袖等も新帝即位匆々《そうそう》、叡慮を悩まし奉《たてまつ》るを恐れた。新帝陛下には両党代表の懇談を希望あらせられた。その結果、六月十七日、両党代表者は首相官邸に会合したのである。その人々は左の如し。

政府側

総理大臣　アスキス氏
植民大臣　クリウ卿
大蔵大臣　ロイド・ジョージ氏
愛蘭大臣　バーレル氏

保守党側

下院々内総理　バルフオア氏
上院々内総理　ランスダウン卿
前大蔵大臣　オースチン・チエムバレン氏
前海軍大臣　カウダー卿

両党代表者の協議会は七月末日までに十二回開かれ、それにて議会と共に休会し、十月十一日より再開して、又十一回協議したが、彼等は遂に一致点を見出す事が出来なかった。協議会失敗の公報は十一月十日、首相官邸から発表された。協議の内容は秘密になっているが、何でも保守党代表は下院の財政権優越は認めるが、その条件としていわゆるtackingにて、金銭以外の問題まで金銭案に喰っ付ける事は禁ずべしと主張したらしい。それから問題になったのは両院連合会議の件であった。上院が下院より遥かに少数の場合には、連合会議は好個の解決策として外国でもされているが、英国上院は六百四十人と云う多数にて、然《し》かもその八、九分は保守党であるから、連合会議は却って保守党の利益を計るようなものである。更に両院協議会の問題が出たが、これ又代表員の割振上に困難を見た。特に自由党代表が反対したのは、争議案を人民直接投票《レフアレンダム》に問わんとする保守党案にて、彼等はレフアレンダムは代議政治の主義に背くとて承知しなかったらしい。

協議会既に失敗せる上は、もはや解散あるのみ。但《ただ》し解散の条件として今度こそは首相アスキスが声明せる如く、政府もし相当の多数を得ば、『貴族任命』の大権行使を以て、上院の反対を圧倒する勅諚を仰いで置かねばならぬ。首相は協議会破裂の翌日（十一月十一日）サンドリンガムに赴きて親しく拝謁上奏する所あった。新帝には十八日特に倫敦《ロンドン》に還幸あらせられ、いよいよ勅諚を賜うたものらしい。政府はこれにて解散の準備は整うたが、保守党にも又相応の作戦がある。彼等としては、悪者の立場に陥められたる侭にて、選挙に臨むを不利とした。すなわちその誠意を議会にて発表し、これを政戦の武器とせねばならなかった。保守党の上院々内総理のランスダウン卿は十一月十六日の議場にて政府に向い議会法（すなわち権限縮小法案）の提出を逼《せま》った。十七日にはローズベリ卿の上院改革案を議した。同卿の案は、将来上院は次の如く組織すべしと云うのである。

（一）世襲貴族全部によりて互選し、君主の任命を得たるもの。
（二）官職上議員たるもの。
（三）外部より選任されたるもの。

ランスダウン卿は云うた、『保守党は上院議員の減員に賛成すべく、又上院を改造して、一半は世襲議員とし、他の一半は選挙議員及び政府の勅選議員として差支なし』と。剰《あまつ》さえ彼は将来においては、世襲議員が漸減する時あるべしとさえ説明した。コートネー卿はローズベリ案は幽霊案なり。左りながら協議会失敗せりとて、議会の熟議を待たず、ただちに解散に訴うる政府もまた軽率なりと攻撃した。

十一月二十一日、保守党は政府案の対案を提出し来った。案の趣旨は斯うである。『上院は過日の決議によりて改造を講ずべく、この改造上院と上院との異議を解決する方法を設けたし。金銭以外の法案に関し、引続き二回期において両院に異議を生じ（その間一ヶ年以上の間隔を置く）解決の途なき時は、両院連合会議を開きて解決すべし。但し重大問題にして、未だ国民の判断に訴えざりしものに就ては、これを両院連合会議に附議せずして、レフアレンダムに依り選挙民の裁決に附すべし。上院は純粋なる財政に関する金銭法案については、その修正権及び否決権を放棄すべし。但し右はタッキングを禁じ、かつ金銭案か否かの争ある時は、これを両院連合委員会に附議す。この連合委員会は下院議長を委員長として裁決投票を有せしむ。連合委員会にて金銭法案に非ずと決定する時は、案は両院連合会議に附議さるべきものとす』。

この案に関する討議に別に紹介するを要せぬ。しかし一議員は沈痛なる態度をもって政府に訴えたのである。曰く『両党代表協議会において、自由党代表は、政府の現在案よりも、寛大なる提議をなしつつあった。然《しか》らば上院改造を基として、何とか平和解決の途に出られたし、今といえども時は遅からず』と。が、上院議長（大法官＝アバーン）は『両党の争議は到底解決すべくも非ず。今更ら無用の交渉に時日を徒消するも何かせん、請うただちに人民に訴えん』と叫んだ。政府は権限縮小案につき断じて修正に応ずる意志なしと云うのである。上院は兎も角ランスダウン案を決議した（この案によりて両党協議会に於ける争点が知らるる）。

もはや是れまでなり、首相は十一月十八日、下院において宣言した。議会は十一月二十八日をもって解散せらるべしと。即ち一月と共にこれで一年二度の総選挙である。十二月二十日総選挙は終了した。その結果次の如し。

一九一〇年十二月　総選挙の結果

自由党	二七〇	保守党	二四〇
労働党	四二	統一自由党	三四
愛蘭国民党	八四	反対党合計	二七四
政府党合計	三九六		
政府党多数	一二二		

政府の勝利は思う程にてはなかったが、先ず相当の多数には違いない。もって『貴族任命』を奏請するには足る訳である。新議会は一九一一年二月六日に開かれた。同十六日、首相は五月初旬までには、議会法を通過して、これを上院に送附し、六月の新帝戴冠式までには問題を解決して置きたしと演説した。

労働「党政権の」総理ラムゼ・マクドナルド氏は元来一院論者であった。彼は議会法の前置に、逐って上院を改造するとあるが気に入らぬ。但し本案が通らぬよりも通った方が善ければ、我慢して賛成すべしと演《の》べた。

上院権限縮小法案は五月十五日、百二十一票の差をもって、下院を通過した。
これより舞台は上院に移る。

◇

一方上院は新議会開会後、上院改造案を審議した。五月八日、保守党院内総理ランスダウン卿は左の如き改革案を提出した。

一、現在議員六百六十名を三百五十名に減員する事。
二、世襲議員制度を廃する事。
三、百名の互選貴族議員を選出する事。
四、下院において百二十名の上院議員を選任する事。
五、政府の奏薦により百名の勅選議員を任ずる事。
六、僧正議員（二十六名）を七名に減ずる事。
七、法律議員を終身とし、十六名を任ずる事。
八、上院議員に互選せられざりし貴族は、下院議員被選資格を有する事。
九、新貴族の授爵は一年五名をもって定員となす事。

ランスダウン卿はこの案を結果として、上院における保守、自由両党の勢力は左の如く均勢を得べしと説いた。

	保守党	自由党
互選貴族議員	八〇	二〇
勅選議員	四一	五九
下院選出議員	四八	七二
合計	一六九	一五一

案は実に保守党として思い切ったる改革である。ランスダウン卿は、その与党を顧み沈痛なる語調をもって告げた。『是れ実に諸君に向って非常の要求をなすものである。或は諸君の中には、余をもって諸君に背くと思わるる人もあろう。本案は現在の上院に致死的打撃を与えるとも解せられよう。自分としては此の如き改革案を提出するは、万々好まざる所でありたるなり』と。しかも今や形勢危急なり、即ち斯の思い切ったる案に依って、狂瀾を防ぎ止めんと決心したのであって、その苦衷は推し測られて哀れである。保守党中には苦り切っているものが少［な］くは

なかった。

新［た］に自由党の上院々内総理となれるモーレー卿は、一撃の下にランスダウン案を突き返さんとした。曰く、『この期に及びて何の改革案沙汰ぞや。それは権限縮小法案の代案とはならぬなり』と。彼は又曰く、『上院が改革さるるも、せられざるも、権限縮小法は適用せられねばならぬ。我党の主義、計画は既に二回の総選挙によりて、国民の決定を得たものである。更に上院組織の先決問題は、その権能を決定する事である。権能を決せずして、組織の改革を議するは不合理のみ』と。

五月二十三日、モーレー卿は権限縮小案の二読会を動議した。保守党のミドルトン卿は自由党の圧迫は余りに甚し、是後々までの怨恨を残すものである。左りながら事態重大なれば二読会は通すべしと云った。ローズベリ卿は政府の態度を難じつつも、二読会通過を慫慂した。六月も末つ方に、案は委員会に入り、保守党は両院争議解決の方法として、両院協議会を設くべし、又問題によりては、人民直接投票に問うべしとの修正案を提出し七月初旬修正案は委員会にて可決され、中旬にはいよいよ本議に移った。

七月二十日、モーレー卿は案の三読会を動議した。彼は本案にして否決さるれば混乱を免れず、これに依って上院が下院に降参するものと思惟《しい》する勿《なか》れ、それは唯国民の判断に服従するだけのものであると云うた。ランスダウン卿は、『上院は既に譲れる限りは譲れるなり、名誉ある解決をなすべき材料は、諸君（自由党側）の手先にある。上院の修正は、上院が自由意志を発揮し得る限りは固執せねばならぬものである』と述べた。八十三の老齢をもって、躍起組の猛者として起てるホルズベリ卿は、『モーレー卿の演説は其の辞句こそ美しけれ、実は終始圧迫なり脅威なり、上院修正案が下院にて削除されて、再び本院に廻附されんか、余は断じて再度修正を加え、必ず最後まで戦うべし、是れ余が神と我国とに対して負える義務なり』とて悲痛なる演説をした。三読会は票決を用いずして、上院修正案を可決し、ただちにこれを下院に送附した。

ここに少し保守党々内の形勢について叙すべきものがある。七月に入ってウイロビー・ド・ブローグなる貴族議員が猛烈なる政府抵抗運動を起［こ］し、同志の貴族を語らいて、最後まで血戦すべしと申合せ、盛んに一味を造ったのであった。彼等は最後の溝に至るまで死戦する事を誓った。即ち非降伏党であって、日本で申さば『壇の浦』まで戦うと云うのである。デーリ・クロニクル［デイリー・クロニクル紙］が、彼等を綽名《あだな》してDie-Hards組と呼びて以来、ダイ・ハーズなる語は現今に至るまで流行している。或は又彼等が最後の溝まで死戦すると云ったので、Ditchersとも呼んだが、この方は余り流行らなかった。

さて是等《これら》壇の浦党は、自由党内閣が上院の権力を削り、貴族の特権を奪わんとするを見て切歯《せっし》扼腕《やくわん》しつつあった。彼等はこの貴族の死活に関する大事を臨みて、味方の総大将たるランスダウン卿等が、態度甚だ軟弱にして英国貴族の真骨頭なく、忍ぶ能わざるまでの上院改造案を提出するさえあるに、兎もすれば敵前に膝を屈して、権限縮小法を通過せしめんとする傾向あるを慷慨《こうがい》した。そこで彼等は秘密に連判状を廻して、決死の同志を募り総大将が何と云わば云え、吾等は吾等にて信ずる途を進むべし。事ここに至っては保守党旧来の統御など、眼中に置くべきに非ずと云い、非常なる躍起運動を起［こ］したのであった。彼等は概ね貴族中の『陣笠』であった。その唱道たるド・ブローグも矢張り一陣笠に過ぎない。しかし彼等は斬り死を覚悟して進んだから、その勢の激しき事は一通りでなかった。貴族中には不平勃々の者も少［な］くない。彼等の味方は日に日に加わった。その連判者は厳秘に附されたるも、ノーサンバランド公、マルバロー公、ソルズベリー侯、ミルナー卿等が仲間に加われるは隠れなき事実であった、それで彼等は三読会の時に、案を否決するかも知れぬとの噂もあったので、自由党の院内総理たるモーレー卿は、幹事を督励して、味方を狩出さしめたが、自由党は四十五名のみにて、保守党は壇の浦組だけで少［な］くも七十名あるべしと云われた。幸いにして権限縮小案は修正附にて、上院を通過したるものの、問題は下院が修正を削除して、再び上院に廻附し来る時に起［こ］らざるを得ぬのである。

上院修正案通過の翌日（七月二十一日）、ランスダウン卿は、今や政府は上院にて案を否決すれば、貴族を造りて吾々を圧倒する事に手筈が整うて居る。この上は是非もなければ、案を通過せしむるが得策なるべしとて、首相アスキス氏より保守党の下院総理バルフォア氏宛の書翰を朗読した。その書翰の趣旨は次の通りであった。

バルフォア君

公式決定の次第を発表致候《いたしそうろう》に先だち、目下の政治形勢につき、我々の所見を予《あらか》じめ貴下まで開陳《かいちん》致置候《いたしおきそうろう》は礼儀上当然の義と存候《ぞんじそうろう》。扨《さて》議会法案が現在の形式にて（註、上院修正附を指す）、下院に廻附せられ候わば、我々は余儀なく、下院に向い、上院修正案に対して不同意を要求致すべく候。この場合、もし必要を生じ候わば、政府は陛下に向いて下院を通過したると実質上同一の形式にて案を法律となすべく、大権の行使ありたき旨奏上仕《むねそうじょうつかまつ》るべく候。陛下におかせられては、右上奏を御嘉納遊ばされ候をもって、陛下の義務と思召遊ばされ候旨に拝承致《いたしおり》居候。

敬具

一九一一年七月二十日　　H・Hアスキス

この書翰の発表さるるや保守党の一部はいよいよ反抗を高めた。彼等は政府が大権を挟んで圧伏を加うるのを憤《いきどお》ったのである。すなわちランスダウン邸の会合は、保守党の態度を決せずして、却って反抗の火の手を煽《あお》る結果を見、味方の鎮撫《ちんぶ》が第一の問題となって来た。

一方下院は七月二十四日（月曜日）、上院廻附案の議事を開いたが、それは英国議会未聞の混乱を惹起したのである。下院は傍聴席から貴賓席に至るまで、事実において立錐の余地だもなかった。アスキス氏が議場に入り来るや与党は喝采して彼を迎えたが、保守党は嘲罵の声を放ち、中には『売国奴』、『独裁者』、『レモンド』――愛蘭《アイルランド》党首領――と呼ばわるものもあった。彼はやがて演説を初《ママ》めたるも、保守党の一部は初《はじめ》より妨害の計画をしていたものか、喧囂《けんごう》を極め、彼をして口を開かざらしめ、議長ラウザー氏の努力もその甲斐がなかった。約二十分にして首相は漸く演説を初《ママ》めたけれども、中には首相に向って拳を擬《ぎ》したるものさえあった。流石のアスキス氏もまさに着席せんとしたが自由党側の喝采に励まされ、『上院にして政府原案を復活せざれば、政府は余儀なく大権行使を上奏すべしと』云って復席した。今度はバルフォア氏が発言すべき順である。アスキス氏等は与党議員席に令を伝えて、決して報復的妨害を及《およぼ》す勿《なか》れと命じた。バルフォア氏は、喧騒の為め首相の演説を聴取する能わざりしを悲しむ。左りながら政府の行動は人心を激発してここに至らしめたのだと云った。彼は『政府が大権行使によっても、上院権限縮小法の通過を計るは何故ぞ、アン女王の時の如く戦争終止の為にも非ず、又一八六二年における如く挙国の希望を達せん為にも非ず、実に愛蘭自治案を通過する手段に過ぎぬのである』と云い、次《つい》で首相が、早くより勅諚を得、是を懐にして問題を争える態度を難詰した。それから自由党のグレー氏、保守党のスミス氏等も発言したが、議場喧騒して到底議事を進めらるべくもない。議長は午後五時十分に休会を宣言した。この喧騒の際に問題の、発頭人とも云うべき愛蘭国民党は、黙然として問題の光景を見物していた。政府は権限縮小法の議事を一週延期した。熱情の冷却を待つ趣意である。しかしどうせ問題の帰着は分っている。下院は原案を復活して来るのである。上院がこれを通せば善し、再びこれに修正を加うれば、政府は『貴族任命』の大権行使を上奏するのである。其処には何の疑もなかった。しかし保守党の壇の浦組は、『貴族任命』でも何でも構う事なし、最後まで抗戦すると云うのである。彼等の中には、『貴族任命』の声に驚かさるる勿れ、よし任命されても小人数にきまっている。決して何百と云う数が出来るものではない、踏張るまで踏張るべし、戦は最後の五分間にありと云うものも少なくはなかった。彼等は政府の決心をば軽く見ていたのである。壇の浦組の勢は益々猖獗《しょうけつ》であった。院内総理ランスダウン卿は七月二十四日一々保守党貴族に書翰を発して、その所見を告げ、一同の賛成を求めた。その趣意は『総理大臣の言明によれば、政府は議会法案を通過さす為に、実際無限に授爵する事になって居る。問題は反対を中止して、案を通過させるか、或は依然修正を固執して、現在議員を圧倒する程の授爵を見るかである。自分としては反対中止策を取るべきと思う。吾等は既に自由意志の機関でないから、案が通った処でそれは吾々の責任でなき事を記憶せねばならぬ。仍《よ》って卿は自分の説に賛成であるや否や、至急自分まで速答して貰いたい』と云うのであった。つまりランスダウン卿の意見は、大権行使貴族任命の圧迫を受けているから、自分等はもはや自由意志の機関でない。故に反対を中止して欠席しよう。自分等が欠席した後で、案が通過した処で、それは自分等の責任でない。忍ぶべからざる事ではあるが、何百と云う新貴族をもって圧倒されるよりも、この方がなお忍び易いと云うのである。彼は反対を中止しようと云ったまでで、政府案に賛成しようと云ったのではない。で、彼は保守党中、確かに幾人の貴族が、彼に同意するかを知ろうとしたのである。当時における保守党領袖は、味方の歩調を整えて、立派なる総退却をするか、左なくば折角の苦心もその甲斐なく、実際何百と云う新貴族任命を見ると云う、苦しい立場にあったのである。

　下院々内総理バルフオア氏は、問題は上院の事とは云え、一党の大事、一国の大事と云うので、『自分は立つも倒るるも、何処までもランスダウン卿と事を共にする』旨を発表した。壇の浦組は是等の書翰を見て、いよいよ猛り狂うて、ランスダウン、バルフオア両氏をもって、党を売り、上院に背く背徳政治家とまで罵しり、卑怯未練と嘲《あざけ》った。思慮ある保守党政治家は、百方味方の慰撫《いぶ》に努めた。彼等は繰返し繰返しウェリントン公や、ソルズベリ侯の先例を引いて退却の利にして血戦の大害ある事を説いた。今暫し辛抱し、時節の到来を待て、もし何百の貴族任命さるれば、もはや回復の軍を起［こ］す事もなるまじ、唯一時の我慢ぞかしとは、彼等が口酸くして勧告した辞《ことば》である。しかも壇の浦組は勧告さるればさるる程［、］壇の浦へと急ぐのであった。彼等が伝統擁護の為に、最後の決心を動かさざるその心根は憫《うら》むべしとは云え、ああの余りに頑固なるに呆れはて、よし左ならば自分は政府案に賛成投票して、案の通過に努め、もって『貴族任命』の屈辱を免れんと公言するものもあっていよいよ形勢を悪化せしめた。七月上旬から八月初旬へかけての騒ぎは、実に保守党内部の形勢に集中したのである。

八月七日、下院にて保守党総理バルフォア氏は、政府問責案を提出した。蓋《けだ》し味方の士気を纏《まと》め、せめて最後に一撃だけ加えんとしたのである。問責案は大権行使に関する政府の態度を責めたものであった。案は百九十票の多数にて敗れた。翌八日には上院修正案が議され、下院は修正を削除して、政府原案を復活し、次いでこれを上院に送附した。

上院は八月八日、下院における如く政府問責案を議した。ランスダウン卿は曰く『諸卿今こそ諸卿が自由の立法府として投票し得る最後の機会なり』と。正に是れ落城前夜における訣別の宴にも譬えつべきか、問責案は二百八十二対六十八の大多数にて可決せられた。

八月九日、水曜日、権限縮小案は上院の再議にかけられた。八月十日、いよいよ最後の日である。しかして問題は保守党壇の浦組と政府与党との議員数である。先日案の計算にては、ランスダウンの穏健派は三百二十五名に達し（彼等は票決に加わらぬのである）、壇の浦組は連判厳秘にて知り難きも約七十名と算せられ、これに対して自由党は八十と云う事であった。これでは院内の形勢は決して油断はならぬ。しかるにその夜になって、壇の浦組は総勢百名を越ゆべしとの飛報が伝わった。

討議は記述するまでもあるまい。ラング氏は独立の立場から、『予は君主と国家の為に敢［え］て政府案に投票す。He that rules his spirit is greater than he that takes a city』と云った。その心を抑ゆる者は一城を攻落する者よりも偉大なり。ミドルトン卿は極めて直截なる質問をもって、自由党院内総理モーレー卿に逼《せま》った。彼は熱誠を籠めて、ランスダウン卿の退却策に賛成の意を表して後、上院における両党の差は非常の懸隔であるが政府はそれには頓着なく、幾らにても無制限に新貴族を造らんとする決心なりや、と問うた。彼がこの問［い］を発したのは、壇の浦組の迷夢を醒させる為であった。彼等の中には貴族任命とて、たかの知れたるものならんと想像しているものが少［な］くなかったのである。しかるにモーレー卿は答弁する様子がなかった。議場には失望の空気が襲った。ローズベリ卿は、モーレー卿は答弁せられまじきやと問うた。後者は後刻討論の場合に答うべしと云うた。その時ランスダウン卿は、つと起立して、今こそ全般の利益の為に答弁あるべき場合ならずやと促した。モーレー卿は即ち謹厳なる調子にて懐中せる左のステートメントを朗読した。『本案にして今夕否決さるるにおいては、陛下は各党連合に対して、議会法の再否決を擁護するに十分なる貴族を授爵あるべき旨御承認遊ばされたり』。議場暫《しば》しが程粛然たり。

やがて討論は始まりて又終り、いよいよ分裂投票となった。壇の浦組は列をなして投票した［。］数《かぞ》え来れば百〇《ママ》五、しかかもなおその列は尽きず。遂に百十四に達した。賛成側は如何、百は数えつ、やがて百十となり、百十五となった。もう是れにて安心である。賛成は遂に百三十一票に達した。賛成の中にはカンタベリ及びヨークの両大僧正と、保守党貴族二十九名合計三十一名を数えた。是等の人々が賛票を投ぜなかったならば、新貴族幾百の任命となり、新帝陛下は如何に苦悩せられたであろうか。又英国の憲政はそれこそ如何なる混乱に陥ったであろうか。彼等は十節を枉《ま》げて憲政の大道の為に尽したものだと英国人は評したのである。斯くして英国貴族員権限縮小の悲劇は閉じられ、残るは議会法の前置なる上院改造の問題である。

❖上院改革問題と政党の態度

上院改革問題に就て、英国政治家の意見は、大別して三つに別れているように見える。

第一は主として保守党側の意見であって、彼等は一九一一年の議会法に依り、上院が甚だ無力の位地に突き落されたるを慨し、その権能を恢復せん事を希望しているのである。しかし是れと同時に彼等は、現在の世襲貴族院をもってしては、その基礎の薄弱なる事を感じ権能の恢復さえ出来るならば、組織を改めて上院を民主化するも厭う所に非ず、むしろ進んで改革の途を講ずる意気込である。又その権能恢復の程度においても、彼等は決して上院と下院との絶対同権を主張するのではない。内閣活殺権が下院の独占なる事は、保守党政治家といえども、これを争おうとはしないのである。財政に関する下院の優越権も、彼等はこれを認むるのである。しかしブライス報告にも見ゆる如く、財政案の表皮を被りて社会的・経済的政治的の変化を来さんとするものに向っては、上院において修正、否決の権能なくんばあらずと主張するのであって、この点においては一九一一年の議会法の規定は、保守党政治家の忍び難しとする所なのである。彼等は英国の政党内閣制度が余り発達して、ほとんど内閣独裁政治にも等しき事実を挙げたのである。即ち現今の制度においては、内閣が下院の多数与党を頤使して、縦横自在の行動をなし得るが故に、議会はほとんど有れども無きに同じである。つまり、立法、行政両府の牽制、均衡は消滅せる姿である。是れ危険の甚しきものなるが故に、上院の権能を恢復して、重大問題に関しては、少［な］くとも是非を国論に問うだけの機会と猶予とを与えねばならぬと云うのである。

一九二二年七月十八日、政府の上院改革決議案に対するセルボーン卿の演説は、一個の代表的演説とも見るべきものであろう。卿は政府案が、ブライス報告にある上院権限恢復その他の点を無視せると難じ、左の如く云った。

『議会法の規定に従えば、自由、財産又は憲法に対して真の安定は一つもないのである。ここに禁酒案が財政法案の仮面の下に提出されたりとせよ、それは一回期中に通過し得らるるのである。或は又、財政法案となさずとも、それは二ケ年にして法律となし得らるるのである。又人身保護律は二ケ年にして、これを廃止するを得べく、財政国有といえども財政法案とすれば、一回期にて通過し得らるるのである。資本徴課もまたしかり。実に議会法の下にあっては、我国は二ケ年にして共和国となす事も出来るのである。政府に与うるに勅令に依って立法するの権をもってせよ。下院は既に消滅せるも同然である。此くの如くにしてソヴェート制度も易々として樹立し得らるるのである。

国民の多数にして、此の如き変化を望むとならば、如何なる上院といえども、これを阻止する事は出来ないのである。その点余もまたこれ認めて居る。左りながら議会法の規定する所に依れば、よし国民の多数が革命的の変化に反対なりとも、それに拘らず右の如き変化を成就し得べき仕組になっているのである。世界文明国中、何処にか此の如き状態の国ありや。もしブライス報告における如く、上院に与うるに、真の権能をもってするならば、余は大々的の思い切ったる上院組織改革案といえども、これに賛成するであろう。』

同日、保守党のランスダウン卿は曰く、

『上院に対して反感の感情あるは、上院に越権の行為あって、下院の有用なる立法を阻止した為ではない。上院に対する反感は、この民主的の時代において、上院がほとんど全部世襲貴族より組織せらるるを嫌悪するが為である。此の感情に対しては、諸君も既にこれを尊重し、上院の組織を改造して、国民の感情を満足さすべく十分覚悟して居らるるのである。しかも早晩上院が、科学的、民主的に組織を改めたる以上は、両院に異議を生ぜる場合において、独り上院のみ誤れりと決定すべき理由はないのである。何故上院をして下院と対等の立場に立たしめ、必要とあらば、問題の是非を国論に問う事を許されぬのであるか』

当時の大法官即ち上院議長たりしバーゲンヘッド卿は又曰く（一九二二年八月一日）『It is unpurged, it is unrepresentaive, and it is absentee 上院は掃除未了なり。非代表的なり、欠席者ばかりとは、上院攻撃の標語である。上院七百有余名の議員中、真に任務を取るのは二百余の人のみ。上院減員の必要あるべきのみ。我国には君主政治なる世襲的の制度が存在している。この制度と相《あい》副《そ》う所のものなからしむるは、非常に危険なりと云わねばならぬ。その帝国に取っては君主政治は最も貴重の制度である。独逸《ドイツ》の如きは敗戦の圧迫の下に、その憲法を変更し、しかも全国の政治体には微動だも起［こ］さなかった。さりながら英国の君主政治は、世界歴史中にて他に比類なきものである。我帝国の存在と忠誠と互持とは、一々我帝室の偉大と尊厳とに繫がっているのである。余国は知らず、英国君主政治の解体は、必ず英帝国の解体を伴う事、猶《なお》夜の昼に継いで来る如くである。されば世襲貴族制度に手を触るるものは、その責任の極めて深くかつ大なるものある事を知らねばならぬのである。……およそ上院に対する攻撃中にて、最も有力なるものは、大政党が一朝政権を握るとも、上院において何等の機関だに有しない事である。誠に労働党が内閣を組織すとせよ。閣員の数名をば貴族とせねばならぬのである。無論大法官を任命して、上院議長たらしむる事は出来るが、さりとて労働党首相は如何に措置し得るや。八九の閣員を上院に列せしむるとも、其は唯雄弁家を送るに止まる。雄弁家を得るは容易なれども、上院における投票者を如何すべき。……英国民は有効なる上院の必要を確信しているのである。もしその尨大なる員数を減じ、院内における最も賢明にして、又最も経験ある人をもって、これを組織する事とならば、国民の上院に対する感情は、忽然として一変し、却って上院の権限縮小に反対するに至るであろうならば上院を取って、深く堅く国民の信任の中に置く事は、最も吾々の勉むべき所である』

保守党政治家の態度は、略々《ほぼ》これにて判然せりと思うのである。ここに現今における上院の党勢地図を掲げて参考に供す。

貴族院議員党派別（一九二四年二月十二日現在）

保守党	四九七名	無所属	八九
自由党	一二四〃	合計	七二一
愛蘭国民党	一〃	外に年少者	一九
労働党	一〇〃	総計	七四〇

右の如く保守党は、上院組織改正と同時に、その権能の恢復を計らんとするのであるが労働党は全然是れに反対なのである。彼等は元来が一院制をもって、その宿論とするのであって、一九

一一年議会法通過に際し、首領マクドナルド氏は、労働党は、一院論なれどもしばらく本案に賛成し置くべしと云うたのであった。後に労働党内閣の大蔵大臣となりしスノウズン氏が、ニュー・ステーツマン誌（一九一四年二月七日）に掲げし論文は、労働党の立場を明瞭に説明したものである。

スノウズン氏曰く、

『労働党はその組織の如何を問わず、上院には反対である。既に民主的なる選挙権に依って、下院を選挙する以上は、両院は無用の長物である。それは又民政を否定するものである。無論この議論の根柢としては、下院が真にデモクラシーの鏡である事を期するのである。およそ上院には何の存在理由ありや。仮りに普通選挙に依るとせんに、上院議員として下院以上の人士を得べくもないのである。又下院の複写とも云うべき上院を拵えて、それが何の役に立つであろうか。ここにおいてか或は上院にもって『政治家』の会議とせよと云い（是れはミルが首唱した説である）。或は下院議員をして地方別に、上院議員を選出せしむべしと云う。何れもデモクラシーの原則を離れた案と云わねばならぬ、自由党は上院の員数を減じ、その選挙区を大にし、又その権能をもって諮問、修正、遅滞に限らんと云うている。斯の如きは民主的の進歩を妨害し、既得利益の擁護を目的とするのである。それは諮問機関として効力なく、しかも立法を遅滞せしむる点においては有力なる機関となるにきまっている。しかして立法を遅滞せしむるをもって、真の能事となす上院は、有害無用の機関である。もし上院あらざりせば、下院は一層強く責任を感ずる事となろう。かの議会法の規定の如きは、上院をして一、二年の貴重なる歳月を潰さしむるだけのものである。又自由党は財政権は下院の独占たるべきものだと説く。

元来租税は重大事である既に財政に対して、下院の特権を認むる以上は、爾余の問題に関しても、又下院の特権に委《まか》すべきや、当然なる民主的の論理である。上院をして修正せしむるは、むしろ下院委員会をもってするに若かぬ。余はデモクラチックなる方法に依って上院が選挙さるればさるる程、その民主主義に取って危険となり、妨害となる事を信ずるものである。熟々《つくづく》諸国において、上院を設けし所以《ゆえん》を見るに、一は英国に模倣したものである。それは何故に維持されつつありや。全く上院が民主的立法の阻害者たり、財産的利益の擁護者たるが故である。米、仏、濠等の新しき民主国を見よ、民主的勢力の増長と共に、両院の衝突甚だしきを加うるに非ずや。故に民主政治を信ずる能わざるものは、上院に民主の仮面を被らせ、この機関を通じて富と特権とを代表せしめんとするのである。

故に労働党の政策は、上院を廃して一院制たらしむにある。』

又後に大法官（上院議長）として労働党内閣に入りたるハルデーン卿が、一九二一年三月、上院にてなしたる演説は、労働党との意見とは云う能わざるも、その方面の穏かなる意向を代表したるものであろう。ハルデーン卿曰く、

『革命党――労働党が政権を取ることを恐るる説を聞くが、余はその点は余り憂慮しないのである。是等の論者は選挙権の拡張に依って、デモクラシーの性質が、非常に変化せる事を看過したものである。一八三二年頃には有権者数は百万を下っていた。

当時は彼等に説くべき途もあったのである。爾来、一八六八年、一八八五年両度の改正に依り、有権者数は八百万に上れるも、最近の改正を見るに及び、その数は二千百万に達したのである。この多数の選挙民に向って、何党がよくこれを捕捉し得べけん、選挙民の数多きが故に、その動く事は甚だ遅緩なのである。これに向って説く事は甚だ困難なのである。それは容易に動かず、又普通英国人の伝統が沁み込んでいるのである。しかして革命手段は極端に、その厭う所である。今日労働党は僅に一年を経ているに過ぎぬ(一九二二年当時)のであって、それが俄かに大勢力をならうとも思えぬのである。

しからばこのデモクラシーを激発して極端に革命的にならしむるものありとせば、それは非立憲なる圧迫を加える事である。試《こころみ》に上院の権能を拡張して、人民代表者の権限を削ぐとせよ、その結果は恰《あた》かも諸君の憂慮さるる状態を現出する事となるのである。およそ両院の関係を調節するものは、善意の諒解と慣習とである。これあるが故に諸君はなし得べき事も手控えられたのであって、議会通過以来、両院の関係は従前よりも円滑となっている這《こ》は議会法に依って、憲政の重力中心は下院にありと宣言したからである。しかるにブライス報告案は、議会法を廃して、両院連合常置委員における三名の多数に、大なる権力を、賦与せんとするものである。下院の権力削減さるる暁において、敏感なるデモクラシーは如何なる感を懐くであろうか。必ずや民心は激昂するに相違ない。

すなわちこの激昂は選挙の際に利用せらるるのである。労働党に多数を与うる方策としては天下これに勝れるものはない。……上院の必要は余もまたこれを認むるのである。しかれども理想的の上院は、諮問機関たる性質のものであらねばならぬ。無論余のいわゆる諮問は広い意味である。即ち将来上院は百二十名乃至《ないし》百五十名の少人数が適当と思う。しかして出来得べくんば、時々下院と連合して審議に当らしめたのである。

斯くの如くならば両院の軋轢《あつれき》は起［こ］らぬであろう。這般《しゃはん》の方法に出でざる限り、両院の衝突は免れ難き勢《いきおい》である。余は英国憲法が幾多の危機を脱して、今日に至れる有様を見、讃嘆禁ず能わざるものである。今もし法律に依りて、上院の権限を拡張し、下院のそれを制限せば、諸君はやがて難局の中に陥るであろう。故に余は上院改革の事は、急ぐ忽《なか》れと云うのである』。要するにハルデーン卿の意見は、むしろ現状を維持せよと云うのであるが、労働党もまたその政綱として、上院の権能恢復に反対しているのである。

彼等はスノウズン氏の云える如く、上院が改革されて有力なる機関となるよりも、むしろ現在のままにて無力の機関たらしめん事を希望している。最近保守党は非常の大多数を得て、新

［た］に内閣を造るに至った。もし上院恢復の為に強行進軍をなすべくんば、今は絶好の場合である。

しかれども政府としてはなすべき仕事は山程ある。それに国民は近年政変の頻発に悩まされて、安定と有為なる政策を希望している。この時に当り上院改革問題に点火して、国論を沸騰させる事は、果して得策とせらるるであろうか。無論保守党中には、幾多の躍起論者が出現して、政府に逼《せま》るには相違ない。しかし政府は国論が十分に熟するまでは、満を持して放たざる態度を取るかとも思わる。

自由党はこの問題に関して、保守、労働両党の中間に立っている。同党のクリウ卿は曰く（一九二一年三月二十一日討議の際）

『余は如何なる組織の、強き上院をもってするも、革命に対する障壁たり得べしと信ぜぬのである。上院は下院と衝突して、革命の波に対する防波堤たり得べしとは思わぬのである。我国においては到底斯の如き方法をもって革命精神に処する事は出来ないのである。この点においては、余はむしろハルデーン卿の説に一致するのであって、上院は須《すべか》らく国民の尊敬を博し、従って下院より尊敬を払われ、精神的の感化そのものに依って、乱暴に掠奪的なる立法を、防止すべきものと信ずるのである。余は上院が、それ以上の事をなし得べしとは信じ兼ねるのである。同時に上院をもって、一個の諮問府たらしむべしとの説は、余の首肯せざる所である。もし上院が単なる諮問機関たらんか、真に国民の信用尊敬を博すべき程の人物は、これに興味を持たないであろう。その様なる機関は、一個の法制局に過ぎぬのである。故に余は或定まったる修正権を与えねばならぬ。即ち遅滞を要求するだけの権限なかるべからずと信ずる。然《しか》して或る程度の否決権の賦与しなくてはならぬ。但《ただ》しこの否決権は終局的のものとするのではない。元来両院は或る人の思う如く、下院と対等の議員ではなかったのである。

一八三二年以来は特にそうであるが、その以前と云えども、上院は決して下院と対等ではなかった。唯その頃においては貴族が、その子弟及び恩顧の者を下院に送り、その為に対等の観があったのみである』。

自由党は両院の権限関係は、現在のままに据置きて、その組織だけ改正したいと云うのである。英国上院に関する各派の態度は略々《ほぼ》以上の如くであって、つくづく時勢の変化を感じさせるのである。

第五篇　国際平和の新基調

ハウス大佐に答う

我々人類の最大なる仕事は、如何にして世界恒久の平和を維持するか、又如何にして人類の向上進歩を計るべきかに在る。

古往今来［、］各国幾多の識者は、この問題について研究し意見を発表し、又実際運動をもして居る。しかし未だに成功して居ないのは、遺憾である。

斯くて我々は従来の平和維持の方策に再検討を加えざるを得ざるに至った。我々は如何にしても新しき方法に基［づ］きて平和維持の方策を考案しなければならぬのである。しからば今迄の平和維持の方策は如何《どこ》に欠陥があった乎《か》。

想うに従来平和維持の問題については、専ら平和維持の機関が考究せられて平和を脅威する根源を除去することを忘れたる気味があった。

先ず平和を維持する機関であるが、世界大戦前に在っては欧洲の為政者は勢力の均衡を基礎として欧洲大戦の協調に依りて欧洲の平和を維持せんとしたが、終《つい》に失敗に終って欧洲大戦となった。世界大戦後、世界の為政者は共同保証制度により世界の大小国を網羅する国際連盟によって世界の平和を維持せんとしたが、未だ最初予期した効果を発揮し得ないのである。斯くて欧洲の政局は大戦後終始不安定であった。他方、今や東亜弗利加《アフリカ》方面には戦雲が漂って居る。

故に恒久平和の維持を考慮するに当っては、単に平和維持の機関の問題のみならず、更に進んで平和を脅威する根源を除去することに努めなければならぬ。欧洲大戦後各国は不戦条約又は不侵略条約によって相互に他国の領土を侵犯せず、又は戦争をしかけざる約束をなせるも、是等の規約は国家又は民族の消長が自然国際関係に影響を与え、惹いて平和を脅威するに至る事あるべき現実の事実に対しては何等の考慮を払って居ないのである。

我々の理想は四海同胞、共存共栄の平和郷を現出するにある。しかし世界には幾多の国家及び諸種の民族がある。その中には現在の状態においては国家として生存し得ざる民族もあれば、又現状の下に在《あっ》ては国家の発展を期し得ざる民族もある。しかもこれら民族の生存権に対する欲求は絶対絶命であり、これら民族に対する要求もまた必死的である。従って問題はこれら民族を如何に待遇すべき乎《か》に在る。

しかして先ず考慮しなければならぬのは領土及［び］原料等国家民族の存在又は発展上、必要なる重要々素の分属である。しかるに世界の現状を見るに、是等領土原料等の所属は、戦争後平和会議において戦勝国によって決定せられたか、又は、何等かの機会に強大国によって決定せられた場合が多いので、国際関係から見れば甚しく均衡を失して居るのである。

現在世界の強大国の中には広汎なる領土と豊富なる原料を擁し、ただ力をもって現状を維持せんとするものもあるが、それは却って国際間の反口を増し、衝突を来すばかりである。故に各国は相互に各民族の立場及使命並［び］にその活動力及発展性につき充分に認識し、活動的、進取的民族の平和的発展の為に必要なる合理的要求に対しては、充分に尊重してこれを満足せしむるに努めねばならない。

しかしてこれが為には現状に満足する幸福なる諸国は相互の協定に依りて現状の下においては生き得ざるか、又は伸び得ざる民族の要求を満足せしむべき何等かの措置を講じ、幾分たりともその幸福を是等不幸なる地位に在る民族と分ち、各その民族に振当られたる使命の達成を資《たす》くるに努めなければならぬ。

殊にこれら民族の中［、］進取的・発展的なるものに対しては特に注意し、その要求が無理に抑圧せらるる結果は何時かは遂に爆発する虞《おそれ》あるを悟り、事前適当なる機会に問題を平和的に処理することを忘れてはならぬ。『新価は旧革に盛るべからず』、新価の満つるを忘れて旧革を破るに委《まか》するは、為政者の任務ではない。更に人類の大なる動きは、後進民族が急激なる進歩を遂げて漸次先進民族に追着《おいつ》きつつあることである。緩慢なるも根強き人類の水平運動を、世界の随所に見るが、これは進化の法則であるとも謂えよう。しかもこの運動は抑制すべからずして唯善導するの外はないのである。故に先進国民は先ず、後進国民の向上進歩に対しては何等の障害を与えてはならぬ。

ハウス大佐は日本の連盟脱退及［び］華府条約廃棄に言及せられて居るが、満洲事変起［こ］るや日本は東亜平和の維持の問題につきて連盟と見解を異にし、東亜における平和を維持する為に遂に連盟を脱退するの余儀無きに至ったのである。もし当時連盟が東亜の事態を正当に認識して居たとせば、日本の連盟脱退の問題も起［こ］らなかったであろう。しかしもし日本が当時連盟脱退を敢行しなかったとすれば、連盟は今日に至るも東亜における日本の立場及び使命につき充分なる認識を得なかったかも知れぬ。又日本が華府《ワシントン》条約を廃棄したのは出来る丈《だけ》軍備を制限して国民負担の軽減を計る目的をもって、新［た］に真の軍縮協定を結ばんとする為であった。もし列強にして日本の真意を玩味し、日本の東亜における立場と使命とを充分に認識するにおいては、日本の海軍問題に対する主張を諒解するであろう。

ハウス大佐が国際平和維持に対する従来の方策を不充分と為し、国際間のニュー・デイルを主張し、単に平和機関のみならず、平和と脅威する根源を除去する必要に着眼せられたるは、確かに達見であると思う。何ものをも得たる世界の強大国が共同保証の制度に依りて現状を維持せんとするは無理も無き次第なるが、斯くては到底永久に平和を維持し得ざるは火を睹《み》るよりも明［ら］かである。ただ問題はその実行であるが、先ず米、英、仏、蘇の諸国においては真剣に考慮し、勇敢に実行しなければならない時期が来たのではないかと思う。又ハウス大佐は進んでその具体案を明示せられ、これら大国に対しても実行を促進しなければならぬと信じて居るのである。

英米本位の平和主義を排す

この一篇は公が大正七年［、］世界大戦終了直後執筆して同年十二月十五日発行の「日本及日本人」に掲載されたものである。次《つい》で公が巴里《パリ》平和会議参列帝国全権随員を命ぜられ、翌八年一月西園寺［公望］全権に随行して神戸出帆・途中上海に寄港するや、同地における英米新聞雑誌はこの論文を訳載し、かつ日本全権一行中に、此の如き論をなすものとありとして攻撃的批評をしたものである。その時より十七年を経過したが、今図らずも当時米国全権の一員として巴里に活躍せるハウス大佐自身より今問題となりつつある領土調整案を聞くに至れるは、世人をして今昔の感を深くせしめるものである。当時の公の思想を追懐せんがため敢［え］てここにこれを併録することとした。（編者［伊藤武］）

戦後の世界に民主主義人道主義の思想が益々旺盛となるべきは最早否定すべからざる事実というべく、我国また世界の中に国する以上この思想の影響を免かるる能わざるは当然の事理に属す。蓋《けだ》し民主主義と云い人道主義と云い［、］その基［づ］く所は実に人間の平等感にあり。これを国内的に見れば民権自由の論となり、これを国際的に見れば各国民平等生存権の主張となる。平等とは個人的もしくは国民的差別を払拭《ふっしょく》するの意に非ず、個人としてはその個性を、国民としてはその国民性を十分に発揮せしむるに当り、これが障害となるべき一切の社会上の欠陥、例《たとえば》これ政治上の特権経済上の独占の如きものを排除してもってその個性もしくは国民性の発揮に対する機会を均等ならしむるの意なり。かくの如き平等感は人間道徳の永遠普遍なる根本原理にして、いわゆる古今に通じて誤らず中外に施して悖《もと》らざるものなり。固陋《ころう》の徒［、］或は平等の語を聞きて我国体に反する如く考うるといえども、我国体の観念はこの人類共通の根本的倫理観念を容るる能《あた》わざる程しかく偏狭のものに非《あら》ずと信ず。何はともあれ、民主主義人道主義の傾向を善導してこれが発達を期するは我国の為にも吾人の最も希望する事なるが、唯茲《ここ》に吾人の遺憾に思うは我国民がとかく英米人の言説に呑まるる傾《かたむき》ありて彼等の言う民主主義人道主義の如きをもそのまま割引もせず吟味もせずに信仰謳歌する事是《ことこれ》なり。もちろん吾人《ごじん》は英米政治家の云為を全部誠意なきものとなすに非ず。ウイルソンの如き、ロイド・ジョージの如きは、真摯熱誠なる人道の愛護者なるを認むるに躊躇せずといえども世には善良なる人にして自ら意識せずに虚偽をなす事あり。動機において純なるも結果より見て不純なりしを曝露する事往々にしてこれあり。況《いわ》んや蠢《しゅんしゅん》々たる他の群小政治家・評論家・新聞記者の言動においてをや。

かつてバーナード・ショウはその『運命と人』の中においてナポレオンの口を藉《か》りて英国精神を批評せしめて曰く『英国人は自己の欲望を表すに当り道徳的宗教的感情をもってする事に妙を得たり。しかも自己の野心を神聖化して発表したる上は何処迄もその目的を貫徹するの決断力を有す。強盗掠奪を敢［え］てしながらいかなる場合にも道徳的口実を失わず、自由と独立を宣伝しながら殖民地の名の下に天下の半を割いてその利益を壟断《ろうだん》しつつあり』と。ショウの言う所ややや奇矯に過ぐといえども、英国殖民史を読む者はこの言の少［な］くも半面の真理を穿《うが》てるものなることを首肯すべし。

吾人は我国近時の論壇が英米政治家の花々しき宣言に魅了せられて、彼等のいわゆる民主主義人道主義の背後に潜める多くの自覚せざる又は自覚せる利己主義を洞察し得ず、自ら日本人たる立場を忘れて、無条件的無批判的に英米本位の国際連盟を謳歌し、却ってこれをもって正義人道に合《がっ》すと考うるが如き趣あるを見て甚だ陋態《ろうたい》なりと信ずるものなり。吾人は日本人本位に考えざるべからず。

日本人本位とは日本人さえよければ他国はどうでもかまわぬと云う利己主義に非ず。斯《か》かる利己主義［と］は誠に人道の敵にして、戦後の新世界に通用せざる旧思想なり。吾人の日本人本位に考えよとは、日本人の正当なる生存権を確認し、この権利に対し不当不正なる圧迫をなすものある場合には、飽く迄もこれと争うの覚悟なかるべからずと云う也。これ取りも直さず正義人道と人道主義とは必ずしも一致せず、吾人は人道の為に時と平和を捨てざるべからず。

英米論者は平和人道と一口に云い、我国にもこれに倣《なら》いて平和即人道也とする迷信家あれど、英米人の平和は自己に都合よき現状維持にしてこれに人道の美名を冠したるもの、ショウのいわゆる自己の野心を神聖化したるものに外ならず。彼等の宣言演説を見るに皆曰く、世界の平和を撹乱したるものは独逸《ドイツ》の専制主義軍国主義なり、彼等は人道の敵なり、吾人は正義人道の為にこれを膺懲《ようちょう》せざるべからず、即ち今次の戦争は専制主義軍国主義に対する民主主義人道主義の戦なり、暴力と正義の争なり、善と悪との争なりと。吾人といえども今次戦争の主動原因が独逸にありし事［、］すなわち独逸が平和の撹乱者なる事はこれを認むるのみならず、戦争中における独逸の行動が正義人道を無視したる暴虐残忍の振舞多かりし事に対しては深甚の憎悪を禁ずる能わざるものにして、英米の論者が是等の暴力的行為を罵《ののし》るは誠に当然なりと思考するものなれど、彼等が平和の撹乱者をただちに正義人道の敵なりとなす狡獪《こうかい》なる論法に対して、その根拠において大［い］に不服なきを得ず、平和を撹乱したる独逸が人道の敵なりとは欧洲戦前の状態が人道正義より見て最善の状態なりし事を前提として初めて言い得る事なり。知らず、欧洲戦前の状態が最善の状態にして、この状態を破るものは人類の敵として膺懲《ようちょう》すべしとは何人の定めたることなりや。

吾人をもってこれを見る、欧洲戦乱は已成《きせい》の強国と未成の強国との争なり、現状維持を便利とする国と現状破壊を便利とする国との争なり。現状維持を便利とする国は平和を叫び、現状破壊を便利とする国は戦争を唱う。平和主義なる故に必ずしも正義人道に叶うに非ず軍国主義なるが故に必ずしも正義人道に反するに非ず。要はただその現状なるものの如何にあり。もし戦前の現状にして正義人道に合する最善の状態なりしならば、この現状を打破したるもの必ずしも正義人道の敵に非ざると同時に、この現状を維持せんとせし平和主義の国必ずしも正義人道の敵に非ざると同時に、この現状を維持せんとせし平和主義の国必ずしも正義人道の味方として誇るの資格なし。しかして欧洲戦前の現状なるものこれを英米より見れば或は最善の状態なりしならんも、公平に第三者として正義人道の上よりこれを見れば決して最善の状態と認むるを得ず。英国の如き仏国の如きその殖民史の示す如く、早く已に世界の劣等文明地方を占領してこれを殖民地となし、その利益を独占して憚《はばか》らざりしが故に、独り独逸とのみ言わず、すべての後進国は獲得すべき土地なく膨張発展すべき余地を見出す能わざる状態にありしなり。かくの如き状態は実に人類機会均等の原則に悖《もと》り、各国民の平等生存権を脅かすものにして正義人道に背反するの甚だしきものなり。独逸がこの状態を打破せんとしたるは誠に正当の要求と云うべく、ただ彼が採りし手段の中正穏健を欠き、武力本位の軍国主義なりしが故に一世の指弾を受けたりといえども、吾人は彼が事ここに至らざるを得ざりし境遇に対しては特に日本人として深厚の同情なきを得ず。

要《ようするに》この英米の平和主義は現状維持を便利とするものの唱うる事勿《ことなか》れ主義にして何等正義人道と関係なきものなるに拘らず、我国論者が彼等の宣言の美辞に酔うて平和即人道と心得その国際的地位よりすれば、むしろ独逸と同じく、現状の打破を唱うべき筈の日本に居りながら、英米本位の平和主義にかぶれ国際連盟を天来の福音の如く渇仰するの態度あるは、実に卑屈千万にして正義人道より見て蛇蝎《だかつ》視すべきものなり。吾人はもとより妄《みだ》りに国際連盟に反対するものに非ず。もしこの連盟にして真実の意味における正義人道の観念に本［づ］きて組織せらるるとせば、人類の幸福の為にも、国家の為にも、双手を挙げてその成立を祝するに吝《やぶさか》なるものに非ずといえど、この連盟は動《やや》もすれば大国をして経済的に小国を併呑せしめ、後進国をして永遠に先進国の後塵を拝せしむるの事態を呈する恐なしとせず。すなわちこの連盟により最も多く利する者は英米両国にして、他は正義人道の美名に誘われて仲間入をしながらほとんど何の得る所なきのみならず、益々経済的に萎縮すと云う如き場合に立至らんか、日本の立場よりしても、正義人道の見地よりしても誠に忍ぶべからざる事なり。故に来るべき媾和会議において国際平和連盟に加入するに当り少［な］くとも日本として主張せざるべからざる先決問題は、経済的帝国主義の排斥と黄白人の無差別的待遇是なり。蓋《けだ》し正義人道を害するものは独り軍国主義のみに限らず、世界は独逸の敗北により硝煙弾雨の間より救われたりといえど、国民平等の生存権を脅かすもの何ぞ一に武力のみならんや。

吾人は黄金をもってする侵略、富力をもってする侵略、富力をもってする征服あるを知らざるべからず。すなわち巨大なる資本と豊富なる天然資源を独占し、刃《やいば》に衄《ちぬら》ずして他国々民の自由なる発展を抑圧し、もって自ら利せんとする経済的帝国主義は武力的帝国主義否認と同一の精神よりして当然否認せらるべきものなり。

吾人は戦後大［い］にその経済的帝国主義の鋒鋩《ほうぼう》を露《あらわ》し来るの恐［れ］ある英米帝国主義を立役者とする来るべき媾和会議において、この経済的帝国主義の排斥が如何なる程度迄徹底し得るや、多大の疑懼《ぎく》なきを得ず。しかももし媾和会議にしてこの経済的帝国主義の跋扈《ばっこ》を抑圧し得ずとせんか、この戦争によりて最も多くを利したる英米は一躍して経済的世界統一者となり、国際連盟軍備制限と云う如き自己に好都合なる現状維持の旗幟《きし》を立てて世界に君臨すべく、爾余の諸国、如何にこれを凌《しの》がんとするも、武器を取上げられてはその反感憤怒の情を晴らす途なくして、恰《あたか》もかの柔順なる羊群の如く喘々焉《ぜんぜんえん》として英米の後に随《したが》うの外なきに至らん。英国の如き早くもすでに自給自足の政策を高唱し、各殖民地の門戸を他国に対して閉鎖せんとするの論盛《ろんさかん》なり。英米両国の言う所と行う所との矛盾撞着せる概《おおむ》ね斯の如し。吾人が英米謳歌者を警戒する所以、また実にここにあり、もしこれかくの如き政策の行われんか、我国にとりては申す迄もなく非常なる経済上の打撃なり。領土狭くして原料品に乏しく、又人口も多からずして製造工業品市場として貧弱なる我国は、英国がその殖民地を閉鎖するの暁において、如何にして国家の安全なる生存を完了するを得ん。すなわちかかる場合には我国もまた自己生存の必要上戦前の独逸の如くに現状打破の挙に出でざるを得ざるに至らしむ。しかして如斯《かくのごとき》は独り我国のみならず、領土狭くして殖民地を有せざる後進諸国の等しく陥れらるべき運命なりとすれば、吾人は単に我国の為のみならず、正義人道に本［づ］く世界各国民平等生存権の確立の為にも、経済的帝国主義を排して各国をしてその殖民地を開放せしめ、製造工業品の市場としても、天然資源の供給地としても、これを各国平等の使用に供し、自国にのみ独占するが如き事なからしむるを要す。

次に特に日本人の立場よりして主張すべきは黄白人の差別的待遇の撤廃なり。かの合衆国を初め英国殖民地たる濠洲［・］加奈陀《カナダ》等が白人に対して門戸を開放しながら、日本人初め一般黄人を劣等視してこれを排斥しつつあるは今更事新らしく喋々《ちょうちょう》《ママ》する迄もなく、我国民の夙《つと》に憤慨しつつある所なり。黄人と見ればすべての職業に就くを妨害し、家屋耕地の貸付をなさざるのみならず、甚しきはホテルに一夜の宿を求むるにも白人の保証人を要する所ありと云うに至りては、人道上由々しき問題にして、仮令《たとえ》黄人ならずとも、苟《いやしく》も正義の士の黙視すべからざる所なり。すなわち吾人は来るべき媾和会議において英米人をして深くその前非を悔いて傲慢無礼の態度を改めしめ、黄人に対して設くる入国制限の撤廃はもちろん、黄人に対する差別的待遇を規定せる一切の法令の改正を正義人道の上より主張せざるべからず。

想うに、来るべき媾和会議は人類が正義人道に本［づ］く世界改造の事業に堪《た》うるや否やの一大試練なり。我国また宜《よろ》しく妄《みだ》りにかの英米本位の平和主義に耳を藉《か》す事なく、真実の意味における正義人道の本旨を体してその主張の貫徹に力《つと》むる所あらんか。正義の勇士として人類史上永《とこし》えにその光栄を謳われむ。

（大正七［一九一八］年十一月六日夜誌す）［✤60］

✤60――原本において近衛は本稿の執筆日を「大正七年十一月六日」としているが、中西寛京都大学教授は論文「近衛文麿『英米本位の平和主義を排す』論文の背景――普遍主義への対応」『法學論叢』（一三二巻四・五・六号、一九九三年）の中で、原論文では「十一月三日」と記載されていることを指摘している。

世界の現状を改造せよ

日本は満洲問題勃発以来、国際関係において非常なる難局に立って居る。すなわち、満洲における日本の行動は既にしばしば国際連盟の問題となり又現になりつつある。日本は今や世界の法廷において世界平和の名により裁かるる被告の立場に置かれたる感があるのである。この時に当り我々としては単に満洲における日本の行動が我国家の生存上必要欠くべからざりし所以を説明するに止まらず、更に進んでは欧米のいわゆる平和論者に対し真の世界平和は如何にして達成せらるるものであるかと云う事について吾々の信念を率直に表明して彼等の考慮を求むべきであると思う。

恐るべきものは戦争である。かの世界大戦においては一千万人の人命と、数千億円の財貨を犠牲にしたと言われている。しかもその影響は今なお世界を苦しめつつあるのである。この大戦の結果、連合国は独逸に対し千四百億マーク［マルク］の賠償を課し、他方、連合国は米国から二百二十億弗《ドル》の債務を背負わされたのである。この為に大戦後世界各国の財政経済の基礎は全く根底から覆えされたのである。今日世界の大不況は実にこれに原因すると言われている。

誠に恐るべきものは戦争である。殊に最近は化学工業の進歩著しきものあり、もし将来戦争が起［こ］るとすれば、その時は毒ガスと云う新武器が非常なる働きをなすものと見ねばならない。又バクテリアも活躍を演ずるであろう。或軍事専門家の話によると、将来の戦争においては人口数百万の大都会も、毒ガスの爆撃によりて、数時間の間に全滅し得ると言う事である。或学者は、将来の戦争はもはや軍隊と軍隊との間の戦闘でなく、一般住民に対する大衆的殺戮と言う形態を採るだろうと言う。こうなって来ると、もはや海軍の六割、七割も問題ではない。陸軍の何個師団も問題ではない。狙われるものは内地の老幼男女である。大都会は爆撃せられ、毒ガスとバクテリヤ《ママ》とが、地上一切の生命を根絶して、そこに荒寥たる廃墟を現出するのである。かくの如き光景を思い浮べて見る時、唯《ただ》人も慄然として恐れ戦《おのの》かざるを得ない。

ここにおいて、何とかしてこの戦争と云うものを人類の社会から絶滅してしまおうと云う要求の起［こ］って来る事は誠に当然である。我々はかの平和主義者と言わるる人々が人類愛の立場からこの戦争を絶滅する事に向って、熱烈なる運動をせらるるその高尚なる心情に対しては真に満腔の敬意を表するものである。実際に我々は、単に感情の上より申せば、世のいわゆる平和論者の主張に一も二もなく共鳴したくなるのである。しかしながら、我々は一度理智に立返って、冷静に考えて見る時、かのいわゆる平和主義者の唱える平和が果して真の平和であるか否かにつき多大の疑いを起［こ］さざるを得ないのである。およそ、戦争は必ずその戦争を惹起すべき原因を除いてかからねばならぬ。この戦争を惹起すべき原因を除く事を少しも考えずして、ただ戦争は惨酷なるが故にやめようではないかと言うのが、世のいわゆる平和主義者の主張であるならば、斯の如き平和主義は一のセンチメンタリズムに過ぎないのであって、人間の感情に訴える或力は持っているが、人類に幸福と繁栄とを齎《もたら》す所の真の平和主義ではない。如此《かくのごとき》平和主義は感傷的平和主義であり、似而非《えせ》平和主義である。

しからば戦争の原因となるべき事柄は何であるか。学者は、戦争の原因として、（一）領土の極めて不公平なる分配、（二）人種的・言語的統一を破壊する政治的境界線の存在、（三）重要原料の偏在等を挙げて居る。一言もってこれを蔽《おお》えば、国際間に不合理なる状態の存在してゐると云う事である。ここに増殖力の極めて旺盛にして発展力の極めて充実したる民族があり、しかもこの民族は狭小なる領土の上に窮屈なる生活を送るを余儀なくせられて居るとする。又一方には、極めて広漠たる領土を擁して居りながら人口稀薄であり、しかも天然の富に恵まれたる国がありとする。斯の如き領土の分布を、どうして合理的なる状態と称する事が出来よう。濠洲の面積は三百平方哩《マイル》で、すなわち日本内地の二十倍以上である。この土地の上にどれ丈《だけ》の人が居るか、僅［か］に六百万人、大東京の人口丈《だけ》しか居ないのである。この濠洲は我々日本人に対していかなる態度に出ているか、断然門戸を閉鎖して日本人の一人も移住することを許さないのである。これをどうして合理的な状態と称する事が出来よう。

下村［宏］博士は、国際間のこの不合理なる状態を譬喩《ひゆ》をもって説いて居られる。曰く『劇場の座席一枡定員四名のところへ、七人八人と盛り上って中腰になり、膝の上に乗って居る所もある。其一方に四枡五枡と占領して、只一人寝ころがって居る所もある。しかも四枡五枡占領した一人の男は、一人五円の座席料として八十円百円を支払ったのではない。濡れ手に粟で手掴みにしたのが多い。今日の国際間の状態が丁度これである。しかも、劇場ならば込み合えば帰って次の日に来る事もある。ところが何時来ても場所の広い所は常に買い占められるならば、狭い所にギューギュー押し込められ、窮屈な日常を送らねばならぬとしたらどうするか。個人に生存権があれば、国家にも生存権がある。一家の人口が増加すれば家の改築も建増しもする。又分家も出来る。一国の人口は増加すればとて国土を増す訳に行かぬ。分家を建つべき土地を求めんにも天涯地角何処も売約済の赤札が貼ってある。さりとて、その国民が他に出稼ぎをするとしても、多くの国は移民制限の札を建て、他国人の入国を拒絶して居る。ここにおいて益々息づまってくる。これは一日本の問題でない。年一年と息づまりつつある国が出来て来る、この始末がつかぬ限り、世界不安は永久に残る。』云々と。

歴史を繙《ひもと》いて世界各国の領土の消長と、民族の興亡の跡を見れば、今日の地球上における国家民族の分布状態と云うものは、決して合理的のものでもなければ、確定的のものでもない事がよくわかるのである。実際地球の人口三分の二以下と、二大大陸とが少数の白人種の支配する所となったのは過去僅「か」に百年の間のことである。もしも、かのいわゆる平和主義者の主義が行われれば、この地球上における現在の不合理なる状態は永久不変のものとなり、各国はこの現状の上に釘付けにされてしまうのである。如此《かくのごとく》平和主義はこの世界の現状に満足している国にとりては誠に好都合であるが、現状に不満の国にとりては到底堪え得られない事である。世界大戦の折、連合国の政治家は何れも口を揃えて、この戦争は平和主義と侵略主義との戦争であり。正義と暴力の戦争であり、善と悪との戦争であると申した。彼等は戦争をもって罪悪と前提し、戦争に対する観念の平和と、罪悪に対立する観念の正義とをただちに結びつけて平和すなわち正義なり、平和主義の我々は正義の味方なりと呼号《こごう》したのである、これ誠に狡猾《こうかつ》なる論法である、現在の如き不合理なり国際間の状態で、永遠に確定不動のものとなさんとするいわゆる平和主義が何で正義であるか、我々をもってこれを見れば、世界大戦は現状維持を便利とする先進国と現状打破を便利とする後進国との戦であったのである。現状維持を便利とする国が平和主義となり、現状打破を便利とする国が侵略主義となったに過ぎぬのである、これをもって正義と暴力の争であるとなすが如きは、偽善の甚しきものと言わねばならぬ。先進国は今日迄に、随分悪辣な手段を用いて、理不尽に天然富源の豊饒なる土地を或は割取し、或は併合し来《きた》ったのである。この事は殖民歴史に明［らか］なる所であるが、すでに自分等が十分その版図を広めた後は、この現状を維持する為に平和主義を唱えこの現状を打破せんとするものに対しては、人道主義の敵であるとして圧迫を加うるのである。およそ世の中に是位勝手な話はない。斯の如き平和主義が続かれたら後進国は正義人道の美名の下に、未来永劫先進国の後塵を拝して行かねばならぬのである。

私はいう、真の平和は、不合理なる国際間の現状を調節改善する事によりて始めて達成せられるのであって戦争はその時において始めて絶滅する事が出来るのである。先の世界大戦の如きも不合理なる国際間の状態より当然起［こ］るべき運命であったのであって、この状態が改善せられざる限り、第二第三の世界大戦が又起［こ］らないと言う事をどうして保証出来よう。戦争の根源をなす所の不合理なる此状態を調節する事をせずして、徒《いたず》らに戦争をのみ止めようと言う事は、ただに徒労であるばかりでなく、それ自身不合理であり、それ自身正義に悖《もと》る事である。

しからば、斯の如き不合理なる国際間の状態を調節改善して真の平和に到達するにはどうしたら宜しいだろうか。私は、世界の現状をその侭《まま》としてこの不合理を調節するには少［な］くとも経済交通の自由、移民の自由と言うこの二つの原則が認められなければならぬと思うのである。もしも、各国が各々その関税の墻壁《しょうへき》を撤廃し、天然資源が各国に向って開放せられることになり、又すべての国民がその人種の如何を問わず、如何なる国へも移住が出来て、そこで平等の待遇を受けると言う事になれば、必ずしも今日の地球上における分布の状態を変える事無くとも、大いに現在の不合理なる状態を緩和する事が出来るわけである。それ故に欧洲大戦の終頃《おわり》には、各国の学者、理想家等は筆を揃えて、商業投資、富源開発に対する各国の機会均等及び移民の自由と言う事をもって、真の平和の基礎である事を論じ、米国大統領ウイルソン氏も一九一八年一月、独逸に提示したる有名なる十四個条の中において、経済墻壁の撤廃と言う事を最重要なる事項として掲げて居るのである。是は、この世界大戦をもって戦争を終熄せしむる為の戦争であるとしてこの戦争を最後として永遠に平和を地上に齎《もたら》そうとした理想家大統領としては当然考えるべき事であったのである。

私もまた、大正七年十一月欧洲大戦漸く結末を告げて、休戦協定の成立せる事を耳にするや、同年十二月十五日発行『日本及日本人』誌上に『英米本位の平和主義を排す』と題する一文を掲げた。曰く『来るべき媾和会議において国際連盟に加入するに当り、少［な］くとも日本として主張すべき先決問題は、経済的帝国主義の排斥と黄白人の無差別待遇是なり』又曰く『もし媾和会議にして経済的帝国主義の跋扈《ばっこ》を制圧し得ずとせんか、英米は一躍して経済的世界統一者となり、国際連盟、軍備制限と言う如き自己に好都合なる現状維持の旗幟を立てて世界に君臨すべく爾余の諸国いかにこれを凌がんとしても武器を取上げられては、その反感憤怒の情を晴らすの途無くして恰もかの柔順なる羊群の如く喘々焉として、英米の後に従うの外なきに至らん』又曰く『吾人は単に我国の為のみならず、正義人道に本く世界各国民平等生存権の確立の為にも、経済的帝国主義を排して、各国をして其殖民地を開放せしめ、製造工業品の市場としても天然資源の供給地としても、これを各国平等の使用に供し、自国のみ独占するが如き事なからしむるを要す』又曰く『吾人は来るべき媾和会議において、吾人は英米人をして深く其前非を悔いて傲慢無礼の態度を改めしめ、黄人に対して設くる入国制限撤廃はもちろん、黄人に対する差別待遇を規定する一切の法令の改正を正義人道の上より主張せざるべからず』と。

やがて帝国よりパリーに派遣せらるべき全権委員の決定するや、私もまたその随員の一人を命ぜられ、翌年一月、日本を発して欧洲に向った。途次、上海に寄港した時、偶々《たまたま》同地において排日米人ミラードの主宰する『ミラード・レヴィユー』を見るに、私の右論文を全訳して掲載し『日本全権の随員中に斯の如き論をなすものあるは注目すべし』とて私の所論に反駁を加えてあった。当時、孫文《そんぶん》氏亡命して上海にあり、ミラード誌上にて私の論文を読みたりとて、特に戴天仇《たいてんきゆう》氏を私の許《もと》に遣《つかわ》して、一夕の会談を求められた、すなわち仏租界の孫氏寓居に至り晩餐の饗を受けつつ時事を談じたのであるが、孫氏一度説いて東西民族覚醒の事に及ぶや、肩揚り頬熱し、深更に及んで談なお尽くるを知らず。その意気、その風貌今なお髣髴《ほうはつ》として眼底にあるを覚える。斯の如く我々は多大の期待を持って希望に燃えつつ巴里《パリ》に向ったのである。しかしながら、若き我々の期待は航海の途中頻々《ひんぴん》として巴里より接受せる通信に依り、次第次第に裏切られて行く事を感じた。しかし巴里に入るや、故国に向って出した最初の通信の劈頭に、私は『力は依然として世界を支配す』と記したのである。かのウイルソン大統領が十四個条の内に掲げたる経済墻壁《しようへき》の撤廃はどうなったか、ほとんど共片鱗をだに見せなかったのである。移民の自由はどうなったか。我全権は四月二十八日仏蘭西《フランス》外務省において開かれたる媾和会議第五回総会において、国際連盟草案の正に採決に附せられんとするに際し、これに賛成する前提として移民に関する人種的差別撤廃を主張したのであるが、列国の代表はこの至当の要求に対して一顧だも与えなかったのである。

想うに、不合理なる世界の現状を調節改善して真の平和を建設する為には、巴里会議は絶好の機会であった。何となれば、この会議は大戦直後に開かれた会議であり、この会議に列席したる各国の政治家は大戦争の惨禍と言う事を、骨身に浸み込み体験したる人々許《ばか》りであったからである。しかるに巴里会議は、皮膚の色により差別待遇をすると言うこの明白なる不合理を除く事さえ認めなかったのである。世界大戦の犠牲に鑑み〔、〕始めて真の平和が実現せらるべしと期待せる吾人の希望はここに、全く裏切られたのみならず、その後の世界の大勢は自由主義の理想家が熱望し要求したとは益々反対の方向に向って進んで来つつある。今や世界到る処において国家主義が強調せられ、真実の国際主義なるものは何れの処にも見出されない。世界の大勢斯の如しとは云え、我々は決して人類永遠の理想である所の平和の達成に向っての努力を捨てるべきではない。我々は真の平和を達成せんが為、今後国際の舞台に立ちては、常に経済交通の自由と移民の自由というこの二つの原則を旗印として進むべきである。しかしながら一面において我々は年々百万に近い人口の増加により国民としての経済生活を甚だしく圧迫せられて居るから、一日も速かに自ら生くべき道を見出すべき必要に迫られて居る。従って遠き将来における経済交通の自由と移民の自由の実現を便々として待って居るわけには参らぬ。我々は真の平和を実現すべき努力を常に忘れてはならないが、しかも一面において、我々は今日一日を生きねばならないのである。

今や欧米の輿論は、世界平和の名において日本の満蒙における行動を審判せんとしつつある。或は連盟協約を振り翳《かざ》し或は不戦条約を楯として日本の行動を非難し、恰《あたか》も日本人は平和人道の公敵であるかの如き口吻を弄するものさえある。しかれども真の世界平和の実現を最も妨げつつあるものは、日本に非ずしてむしろ彼等である。彼等は我々を審判する資格はない。真の世界平和を希望する事においては、日本は他のいかなる国よりも多くの熱意を持って居る。ただ日本はこの真の平和の基礎たるべき経済交通の自由と移民の自由の二大原則が到底近き将来において実現し得られざるを知るが故に、止むを得ず今日を生きんが為の唯一の途として満蒙への進展を選んだのである。欧米の識者は宜しく反省一番して、日本が生きんが為に選んだこの行動を徒らに非難攻撃するを止め、彼等自身こそ正義人道の立場に立帰って真の世界平和を実現すべき方策を速かに講ずべきである。

（昭和八［一九三三］年二月）

国際平和の根本問題

　国際平和の根本問題と云う題を掲げて置きました。最近と申しましても既に二〔、〕三ケ月以前と思いますが、アメリカから参りました『リバティ』という雑誌にハウス大佐という人が『国際間におけるニュー・ディル』すなわち新規蒔直《まきなお》しの必要と題する論文を公にして居ります。これは最近新聞や雑誌に大部論評が出て居りまして、皆様も既にお読みのことと存じますが、それにつきまして私の感じましたことを簡単に申し述べまして、今夜の責《せめ》を塞《ふさ》ぎたいと存じます。

　ハウス大佐はどういうことを云うて居るかと申しますと、簡単に申せば今日世界には領土と資源とに恵まれて居る国と恵まれない国とがある。この恵まれた国は恵まれない国に向って、適当の分前を与えるということがなければ世界の平和・世界の安定ということは最早望めなくなった。ムツソリーニは『イタリーは膨張するか然らずんば爆発す』ということを言うて居る。このムツソリーニのイタリーに就て申したことはただちに独逸《ドイツ》にも、日本にも当嵌《あては》まる事である。イタリー、ドイツ、日本、この三大国民の生存の根本に関する要求、この要求の満されない以上は到底世界の平和は望まれない。国内においても今日資本主義の制度が行き詰ったと言われて居る。この資本主義の経済機構に対し、何等かの修正を施さなければ、最早社会の平和を保つことが出来なくなったと同様に、国際間においても領土と資源の分布の上に相当思い切った調節を施さなければ、最早世界の平和を保つことは、今日の平和機構を以てしては出来なくなった。今日イギリス、アメリカ、ロシヤ、フランスこの四つの国は世界のほとんど大部分を占有して居ると申して宜しいのであるが、これ等四大国は宜しく寛大な心持をもって、日本、ドイツ、イタリー、この三大国の国民の要求に耳を傾けて適当の条件をもって、共に持前を分けあう方法を講ぜよ、というのが、ハウス大佐の書いて居る趣旨であります。

斯の如き所論を卒然としてお聞きになりますと、皆様は定めしそれは非常な空想家の寝言であるとお考えになるかも分りませんが、ハウス大佐は決して夢想家でも空想家でもなく又大佐と云うけれども軍人でもない。実際政治家でありまして、現在民主党の長老で米国の政界に重きをなして居る人であります。欧洲戦争が終りまして巴里《パリ》に媾和会議が開かれた当時、ハウス大佐はアメリカの大統領ウイルソン氏の懐刀として最も活躍しましたアメリカ全権の一人であります。今日でもルーズベルト大統領は、彼を先輩として尊敬して居りますし、アメリカの国務省等でも、彼の外交意見に耳を傾ける事も多いのであります。私も昨年アメリカに参りまして、ハウス大佐に相当長い時間会いましてその意見を聞いたのでありますが、その当時は大佐の意見はこれ程進んでは居らなかったのであります。しかるに僅か一年経つか経たぬ中にこういう議論をする様になったということは、これは最近のエチオピヤの問題等に依って刺戟を受けたからであると思いますが、兎に角ハウス大佐の如き有力なる実際政治家の口から斯の如き議論を聞くことが出来る様になったということは、これは最も注目すべきことでありまして、アメリカにおいてもその反響は可成り大きいものであります。イギリスにおきましても、前の労働党内閣の大蔵大臣でありましたスノーデン氏はこれと同じ趣旨のことを矢張り同じリバテイという誌上に発表して居ります。又現在イギリスの外務大臣でありますホーア氏もこれとやや似た趣旨のことを国際連盟の総会でありましたか？　においてイタリーに就て演説をして居りますという様な訳でありまして、ハウス大佐の投じました一石は今日相当世界に大きな波紋を描いて居ります。

この世界平和という問題、世界平和を如何にして実現するかという問題は、これは人類に課せられた最も大きな問題であると思います。古来幾多の政治家、幾多の学者がこれに就て研究もし、意見の発表もし、又実際運動もして居りますけれども、一つとして効果をあげて居らぬ。欧洲戦争までは欧洲の政治家は勢力均衡という基礎の上に欧洲の平和を築き上げようとしたが、それが失敗に終って世界大戦となったのであります。しかして此世界大戦は御承知の様に実に一千万人の生命と幾千億弗《ドル》の財貨を失い、非常な惨劇を演じたのであります。それで欧米の政治家はこの苦い経験に依って今度こそは永遠の平和を齎《もたら》すべき何らか適切な方法を考え出すであろうと期待されたのでありますが、彼等の考え出しましたところのものは国際連盟でありました。ところがその国際連盟は諸君が今日眼前に御覧の通り、破綻百出の状態であります。

此地上に永遠の平和を如何にして齎すべきかと云うことは、すでに今から四千年の昔エジプトの政治家がピラミッドの下において考えを廻らしたという事であり、それ以来何千年に亙って研究されたところのこの世界平和維持の方策が、今日迄一つとして成功を齎さなかったということは一体どういう訳であるかということをここに考えて見なければならぬのであります。元来戦争が起るには戦争の起るべき原因がなければならない。古来学者は戦争の原因として色々な説をあげて居ります。しかしそれを煎じ詰めると結局第一には領土が極めて不公平に分配されて居るということであり、第二には天然資源が一方に偏在して居ると云うことに尽きると思います。即ち換言すれば国際間に極めて不合理な状態が存在して居るということが戦争の原因となるのであります。故に戦争を止めて世界永遠の平和を確立するためには、どうしても戦争の原因となるべき国際間における不合理の状態を調節するという事を先ず考えなければならぬのであります。しかるに従来はこの不合理な状態は現状の侭《まま》にして置いて、即ち現状維持という事を前提としてただ、如何なる平和手段、如何なる平和機構に依ったならば、戦争を絶滅することが出来るかということのみを考えて居ったのであります。領土の現状維持を主張する国際連盟の如きは即ちそれである。かくの如く戦争の原因を除くことを考えずに現状維持を前提として、ただ、平和機構を考えたところに根本に触れぬ欠陥が潜んで居たのであります。

イギリスの殖民地オーストラリヤは、日本の内地の二十倍程の面積を持って居ります。このオーストラリヤにどれ丈の人口があるかというと六百万人位のものである。六百万人というと大体この東京の人口に過ぎないのであります。一方日本はどうかというと此の土地の狭い所に年々百万近くの人口が殖えつつある。しかるにオーストラリヤは日本に対して如何なる態度を取って居るかというと、彼は『白人濠洲』と云う看板を掲げまして、日本人の如き有色人種の移住することを一人も許さないと云う立前をもって臨んで居るのであります。斯う云う国際間における不合理なる状態は数え上げれば際限のないことであります。もしも現状維持を基礎とする平和原則をもって国際間を律する所の憲法であるとしましたならば、この不合理なる国際間の状態はほとんど永久不変のものとなり、各国はその現状の上に釘付けにされて了《しま》う。これは先進国にとり、現状に満足して居る国民に取りましては洵《まこと》に好都合でありますけれども、現状に満足出来ない、これから大に発展しよう、伸びようという後進国、いわゆる未成年国家にとりましては甚だ迷惑なことであります。

欧羅巴《ヨーロッパ》戦争の当時連合国の政治家、殊に英米の政治家はこの欧洲戦争は平和主義と侵略主義の戦いであると申した。そういう宣伝が盛んに行われました。しかしながら事実を率直に観ずれば、欧洲戦争は現状維持を希望する先進国と現状打破を希望する後進国との戦争であったのであります。現状維持を希望するものは平和主義となり、現状打破を希望するものは侵略主義になったのに過ぎぬのである。その戦争の結果現状維持を希望するもの即ち連合軍側が勝利を得ました。そこで彼等は現状維持を基礎とする所の平和原則を確立しそして国際連盟の如き現状維持の平和機構を拵え上げ、この機構に反しこの原則に反するものは即ち平和の敵である。人道の敵であるとし、これに対して制裁を加え圧迫を加えると云うことになったのであります。こう云うことになりますと後進国は永遠に先進国の後塵を拝して行かなければならぬということになる。もちろん領土の現状維持ということを一方に確立する、他面において移民の自由それから通商の自由、この二つの原則を認めてくれれば差支ないのであります。しかるに移民の自由はどうかというと、移民殊に日本人の如き有色人種は極めて甚だしき制限を受けて居るのであります。日本は巴里の媾和会議において諸君御承知の通り、人種平等案を提出したが、これは一も二もなく否決されました。しからば通商の自由はどうかというと、欧羅巴戦争以後［、］各国は何れも関税の障壁を高くしましていわゆる経済的国家主義の傾向が益々濃厚になりつつあるのであります。斯の如く移民の自由、通商の自由、この二つの大きな原則が認められない以上は一方において領土の現状維持ということに就き疑いを持つに至ることは蓋《けだ》し已《や》むを得ざる当然の成行《なりゆき》でありましょう。

ハウス大佐の申す通り日本はイタリー、ドイツと同じく現状維持を目的とする平和機構とは必ずしも相容れぬ立場にあるのである。しかるに欧洲戦争以後日本の政治家と云わず、学者と云わず多くはこの現状維持を基礎とする平和原則をもって世界の輿論であり、世界の大勢であるとして、この世界の大勢、この世界の輿論の前には事の正邪曲直利害損失を問わずして、唯これに順応して来た傾きがある。現在世界の輿論とか、世界の大勢とか申しても、これは自然に出来上るのでなく何人かが作るものである。すなわち何処かにその製造元は或はイギリスであることもある。或はアメリカであることもあり、或はロシヤ、フランスその他の国々であることもありましょう。彼等は世界の輿論と云う看板を掲げて、実は自分等の欲する所、信ずる所を行いつつあるのであります。しかるに日本は世界の輿論とか大勢とか、云うと恰《あたか》も是をもって神聖なる神様の命令の様に考えて、これに向［か］って検討を加えこれに訂正を加える必要ある場合には訂正を加えるというだけの意気と精神とが欠けて居った様に思われるのであります。欧羅巴戦争以後我日本は国際連盟条約、不戦条約、九ケ国条約、軍縮条約、こう云う条約に参加調印して参りました。私はこれ等の条約に参加したことは必ずしも悪いとは申しません。それにはそれ相当の理由もあり、又当時の国力としては止むを得ない事情もあったことで御座いましょう。

しかしながら同じく参加するに致しましても今少しくこれに向［か］って検討を加え、今少しくその態度が慎重であってもよかったのではなのかと思うのであります。もちろん世界の輿論に反抗し、世界の大勢から除外されるということは、甚だ損なことであり、危険なことでさえもありまして、極力これを避けなければなりませぬ。しかしながら世界の大勢であるからといって、一も二もなくこれに順応しこれに盲従して、自ら進んで世界の大勢を作り出すと云う意気と精神とに欠けて居ったならば、国運の進展は望めないのであります。世界の大勢に順応しなければ、世界の誤解が怖しいと言う人があるがおよそ誤解はいかなる誤解でも結構なものでない。況《いわ》んや世界の誤解をやである。しかしながら我々は世界の誤解を避ける為に生存して居るのではない。世界の誤解を恐れる為に言うべきことも言わず、為すべきこともなさずして、他の国の顔色を見て居ると云うのではその国家は自滅するより他はないのであります。イタリーの政治家はイタリーの膨張の止むを得ざる所以を極めて大胆率直に説いて居る。ドイツの政治家はドイツが新しい領土を必要とすることを公然とナチスの綱領の中に入れて居る。

しかるに日本にはこの率直さが欠けて居る。これが世界の誤解を受ける一大原因であります。満洲事変においても恰《あたか》も罪人が裁判官の前に引き出された時の様にただ弁解ばかりして居った。これは何が故にそうなるかというと結局現状維持を基礎とするところの平和機構をもって神聖なりとする所の英米本位の考え方が日本人の頭の中に浸み込んで居るからであります。

英米本位、現状維持本位の考え方によれば日本の満洲における行動はこれを十分に説明することは困難かも知れぬ。これをジャステファイする事は困難でありましょう。今後といえども英米本位の考え方から離れない以上は日本の『言うこと』と『やること』とは矛盾撞着することが往々起［こ］ることであろうと思います。その結果世界の誤解を招き、日本は信義の無い国であると云う汚名を受けねばならなくなるかも知れません。こう云う原則と行動との矛盾は我々の新しい考え方を基調として将来これを清算しなければならない。そうして我々は現状維持を基礎とすると平和原則を克服して、我々独自の立場、独自の見識から新しい国際平和の原則を考え出し、これを世界に向［か］って大胆率直に問う丈《だけ》の覚悟がなければならぬと思うのであります。

元来現状維持の平和機構をもってしては、最早世界の平和を維持することは出来なくなった。国際間に『ニュー・ディル』の必要、新規蒔直しの必要があるという事はハウス大佐の言を俟《ま》つ迄もなく日本の如き後進国、未成年国家の間から夙《つと》にそういう議論が起［こ］るべき筈である。しかるに斯の如き議論が現状維持を最も希望する筈の英米の政治家の間から起［こ］ったということはこれも時勢のしからしむる所である。がしかしながら私は彼等の卓見に向［か］っては敬服せざるを得ないのであります。何れにしましても斯の如き議論が世界の政治家の間に一大波紋を起し来たったということは、これは日本のためばかりでなく、世界の真の平和延《ひ》いては人類の幸福の為めに洵《まこと》に悦ぶべきことであると思うのでありまして、日本の如きも今後は今までの様に唯世界の大勢に従って行くと云うのみならず、ハウス大佐等の議論がやがて世界の輿論となる様に、日本が自ら進んで大勢をリードして行くということになって欲しい。そういうムーヴメントが起ることを私は希望するのであります。青年の諸君もこの国際平和の問題というものは国内の問題、社会問題、農村問題等と離るべからざる問題であるから、これに就いて真剣に御研究になり、この実現に向って御努力あらんことを希望するのであります。

（昭和十［一九三五］年十一月二十二日）

米国通信社の質問に答えて

——廣田〔弘毅〕内閣出現によって日本の外交政策に何等かの変更を来《きた》すであろうか

新内閣が国内的に、もしくは国際的に何をするかは第三者として知るよしもないが、余はここ一〔、〕二年間は日本の外交政策にさした変更はないと言明して憚《はばか》らない。

日本の外交政策の指導原理は、日本が国際連盟脱退に際して下された詔書に宣明されている如く、極東の安定を確保し、列国との友誼関係を養い、もって世界平和と人類幸福の増進に貢献するにある。

廣田首相はこの方面の経験者である。去る一月二十日の議会における演説で当時外相であった廣田首相は日本の列強に対する政策、特に支那及び露国に対する政策を宣明した。日支関係については、首相は両国が誠心誠意互譲の精神に基づき協力することを希望している。これ即ち支那としては排日運動を醸成し乃至《ないし》はそれが存続を助長するような政策を廃棄すると共に、満洲国とノーマルな関係を結ばなければならないということを意味するのである。しかして、もしそれが実現すれば日本としては支那に対して道徳的、かつまた物質的援助を与えると同時に過去八年に互り、国民政府を悩ましている共産党の暴動鎮圧に協力するであろう。一方露国に対する廣田外交は日露関係を相互友情の確乎たる基礎の上に置くべく、両国間の紛争の動因を一つづつ除去して行くということにあった。

われわれはすでに露国と東支鉄道をめぐる難問題を解決し、今や露満国境線の不備から生ずる諸種の問題を解決せんと努力している。遠からず円満に処理されるものと余は信ずる、最近の東京事件の結果、すべての友邦に対するこの相互協力と親善を基本とする日本の外交政策に変更を来すようなことはないと余は考える。むしろ廣田首相の指導のもとにこの政策は一段と強化されるのではないかと思う。

——海軍問題に関する日本の立場は、
米国および英国との友好関係を妨害することになりはせぬか

否、余は海軍問題の解決は時の問題である、と確信する。必ずや日英米三海国の伝統的友好関係を何等妨害することなく円満に解決されるものと信ずる。

日本の従来宣揚せる海軍政策は今後も依然として把持《はじ》せられるだろう。該政策は最近ロンドン海軍協定の招請に対する政府の回答中に述べられている。

もちろん日本はこれまで再三中外に声明した原則をあくまで堅持するであろう。もし列強がこの原則に追随することに意を決すればそれに伴う細目は容易にまとまるであろう。日米両国に関する限り、廣田首相はかつて『日米両国は地理的位置からして互に独特の活動範囲を有しているから両者が衝突する可能性は全然ない』と声明した。実際両国が海軍縮減に関する共通のフォミュラーを発見し得ないため、無謀な建艦競争に乗出すことは考えられない。換言すれば余は他の海軍国が開始しない限り両国間に建艦競争が起「こ」ることはないと信ずる。

――日本は軍部の最近の不満を押し切って依然外国政府との協調政策をとるや、また日本が国際連盟に復帰する可能性ありや

この質問に対する最上の回答は、一九三三年三月二十七日国際連盟脱退の際に下された詔書を引用申上げるにあると思う、日本が終局において連盟に復帰するや否やについて答えるのは今日時期尚早である。余はこの問題は日本によって回答されるよりもむしろ連盟自身によって回答されるべきものでないかと思う。

連盟の権威は、伊エ紛争の処理工作において、しばしばその無能を暴露した。しかし連盟は最初から失敗の運命を荷《にな》っていた。と言う訳は、連盟の創設者達は余りにも平和機関設立の問題のみにとらわれ過ぎていて、平和撹乱の動因を除去するための一層重大かつ直接的なる仕事にほとんど何等の考慮をも払わなかったからである。今こそ世界の政治家達は平和を脅かすが如きあらゆる動因を徹底的に根絶する為め真摯なる努力をなし、鞏固《きようこ》なる基礎の上に平和を再組織すべき秋《とき》である。このために世界列強にとって最もいいことは、列強が自己の安定勢力を効果的に伸張し得る地方に平和を維持するため最善を尽すことである。

ともかく極東に関する連盟の態度にはまだまだ改善の余地がある。

——日独間に同盟協定はないか

よしかかる協定はないにしても、日本の独逸に対する友誼は、ソビエートの脅威を掃蕩《そうとう》せんとする独逸《ドイツ》の要求及び露国との露骨な軋轢《あつれき》の結果強化されるのではないか。同盟協定については東京およびベルリンで公式に、かつ絶対的に否認された。余は否定を明言した官辺の誠意を疑うべき理由をもたぬ。

しかし最近締結された仏ソ協約が、目下《もつか》露満国境線に惹起しつつある寒心すべき事態に或る程度まで帰因すると輿論の一部で主張されていることは事実である。又輿論に従えは、該協約が極東を含むものであるとは云われないにしても、この協約のために事実ソビエートがシベリア国境への軍隊の集中を可能ならしめるものである。余の考えでは、大いに日独間の接近に賛成し、これを政府に迫ることは不自然のことではないと思う。

——たとい欧洲戦争が勃発した場合といえども、日本は極東で露国とは戦わぬと貴下は信ぜられるや

欧洲に戦争が起った場合といえども日本をして露国と戦わしめる事情が存するとは思われない、廣田首相は外相時代に常に露国に対して露満国境画定委員会の設置と両国境に非武装地帯の設定とを勧説した。余等の諒解するところでは廣田首相はかかる処置が日露不可侵条約に先行してまず必要なりと考えるのであった。この廣田首相の認識は正しいと思う。時あたかも欧洲においては仏独国境の武装築城問題に関して平和が脅かされている時に当って特にこの感が深い。

更に日本の政策は、外交上の交渉に依って両国間の懸案を清算し、以て今日あるが如き軋轢の動因を芟除《さんじょ》することにある。欧米における数多の驚くべき風聞があるにも拘らず、侵略政策に出るとは考えも及ばないことであり、従って、他国が侵略的行動にでざる限り、我々は決して行動に訴うものでないことは確信をもって言い得るのである。

——外蒙については日露間に甚だしき利害の衝突ありや

否、日本および満洲国が露国に対して要求する唯一のことは明［ら］かに露国の保護国たる外蒙の対外門戸開放である。今日の世界において国家が特定のある国にのみその門戸を自由に開放しその他の国に対しては門戸を閉すことは公正でもなければ合理的でもない、ところが今日の外

蒙はそういう政策をとっている、それは露国の政策に服従している如くにも思われるのである。また満洲国と外蒙との国境で時々起［こ］る紛争については、何ゆえ世界の新聞がさほどまでも騒ぎ立てるのであるか諒解出来にくいところである。

二［、］三の理由から、モスコーがかかる些細な事件を誇張して公開したのだと思われる（余はこれを宣伝と呼ぼうか）。

満洲国とシベリヤ国境の紛争と同じく外蒙国境の紛争も国境線の不分明に基因している。ゆえに分別ある処置は徒《いたず》らに声を大にして小事件ごとにわめき立てることではなく、事務的態度で平和増進策を講ずるにある。

――農村地方に於ける窮乏の結果、日本の国内的不安は増大しつつありや、しかしてこの不安は廣田内閣の外交政策に影響をおよぼすであろうか

農村現在の状態は不安と呼んでよいほど重大であるかどうか疑わしいが、痛切な農村問題があることは確かである。政府の最も困難な仕事の一つは農民救済の方法を見出すことである。われわれの耕作可能の土地はあまりに小さく、しかも人口過剰である。余は世界の住むことのできる土地と資源がもっと公平に分配されたらどんなによかろうかと思う。

だが、さようなことが実現するのはまだ遠い将来のことであることを恐れる。また列強の排外的政策に直面する今日、われわれの移民を送るべき適当の場所を見出すことも不可能であるようである。われわれがただちになし得る唯一のことは工業を発達させ、外国貿易を拡張し、かくして農村人口の一部を工場に向けることである。

農村工業化こそは我々にとって死活問題たる人口過剰の圧迫を緩和する唯一の鍵であると思う。しかしこの点においても、われわれは輸出禁止的関税および種々の日貨排斥法の形をとった障害や障壁に邁進するのである。しかもこれらの禁止的関税や日貨排斥法は、わが商品がはいって行く諸国の住民がこれを歓迎し、かつ熱心に求めているにかかわらずその国によって採用されるのである。これは特に西洋列強の統治下にある植民地において然《しか》りとする。われわれの言分がもっと同情ある心をもって聞かれるであろうことを信じつつ忍耐し、かつ友誼的精神をもって交渉しなければならないのである。

現在国際間における資源の分配の妥当性［を］認める程の見透しの利く人物が欧米に居ない事実は我々を楽観的ならしめる。

――日本の陸軍、特に陸軍の満洲国における方針および活動に関する廣田内閣の態度は如何

つぎに述べる余の見解は愛国的で公共心があり、国家の安寧に深く関心を持っている普通の日

本人の見解であるに過ぎないのである。

換言すれば余はアウト・サイダーの常識的見解から意見を述べるのである。

余はこんどの東京事件［✣61］のために陸軍に対する内閣の態度に何らかの重大な変化があろうとは思わない、余はこの事件の結果、日本国民、もちろん軍を含めての日本国民が一つの試練を経たという感じがする。

かかる出来事は、公私共に国民生活構造の革新改善に対し有益なる刺戟となる、と余は考える。我が議会制度の下においては、国務大臣は同時に各省の首脳である、しかして陸軍の長官はかかる国務大臣の一人として、陸軍に関する事件に関して自己の意見を発するだろう。閣議でその閣員は、閣議に登る如何なる決定に対しても連帯責任を負わなければならない。

余の考えるところでは、陸軍はこの事件について、将来かかる悲劇を再び繰返すことはないであろう、もしかかる事件を繰返すようなことがあれば、偉大なる日本陸軍の正当な矜持と栄誉は悲しくもけがされてしまうだろうと考えているであろう。それどころではない、余は今後政府と陸軍がお互［い］に同情をもって双方の立場を認め、両者間により密接な協力が行われるであろうと思う。満洲国における陸軍の役割は独断的でなく法規によって決定されている。

日本が満洲国の国防に対して、満洲国と連帯関係を負うていることは、記憶さるべきである。

もちろん、一九三一［昭和六］年九月十九日の歴史的な奉天事変［満州事変］の如き緊急の場合には、軍は当然自衛のために広汎な裁量を許さるべきであるが、かかる緊急事態はしばしば起［こ］るものでない、満洲国は一般的国内の調整と　特にその経済的発展の仕事にとりかかっているから、その隣邦との間に外交的、商業的、社会的の正常的、かつ平和的な交際関係を樹立する必要があり、かつそれを欲求している。しかしてこの必要と欲求をみたし得るものは、大部分支那と露国である、そしてそれはやがて逆に日本と支那ならびに露国の間のよりよき関係をもたらす上に貢献するところ多いであろう。

暹羅《シャム》国視察実業団を送る

今回シャム国［タイ］へ御出になります実業視察団御一行を御送り申上げる為にこの小宴を催しました処、皆様御出発前非常に御繁忙なるにも拘らず、かく打ち揃って御光来を辱《かたじけの》うしました事は主催者として誠に難有《ありがたく》存ずる所であります。

❖61――一九三六（昭和一一）年二月二六日に勃発した二・二六事件を近衛はこのように表現している。

私はは常にシャムと云う国は誠に幸運な国であると思って居ります。印度ビルマからマレー半島は英領であり、カンボヂヤ安南は仏領であり、南洋諸島は蘭領である。東西南北周囲を見渡せば、どこもかしこも皆白人の勢人の下にある只中にひとりシャム丈《だけ》が今日迄独立を保って来たと云う事は実に一の奇蹟と申しても宜しい位で誠に幸運な国であります。この幸運と云う事では日本もまた同じで維新の当時働かれた或先輩がよく云われる事ですが、あの当時の事を考えると今でもゾーッとして身の毛がよだつ様な思がすると申されます。とも角も前世紀における東洋の民族と云うものは、皆猛獣の毒牙にかかって仆されたが［、］ただなかで日本とシャム丈が幸いに大した手傷も負わずに、いわゆる虎口を脱れて生命を完うしたと云う形であります。これから支那でありますが、これは大分手をもがれたり足を食われたりしたが、とも角、生命丈は取り止めたと云う状態であります。

こう云う次第でありますから、日本とシャムとの関係は単なる友邦と云う以上に御互に危い処を助かって、マアよかったと手を握って喜び合う様な関係でその間には言葉に尽されぬ或る親しさがなければならぬ筈だと思います。私共は友人と云うものは幾らも作る事が出来るが、真に心を打明け得るいわゆる心友心の友と云うものはそう容易に出来るものではない。それと同じ様に我国の友邦と云うものは世界至る所にあるが、真の友邦と云うものはそう沢山出来るものでない。私はシャムの如きは少［な］くとも我国の心友になり得る国であると思って居るのです。これで此処に御出の大倉男と吾等と御相談して今から十年程前にこの暹羅《シャム》協会を作り、爾来聊《じらいいささ》か微力を尽して居りますのですが、どうも最近迄は日本とシャムとの関係は私共の期待した如く親密にならなかったのです。

御承知の如く、シャムは皇族の多い国で最近四［、］五年前迄はこの皇族が政治の実権を握り、各省大臣は皆何々殿下と云うた様な人計《ばか》りでした。この皇族方は何れも欧羅巴《ヨーロッパ》、アメリカで教育を受けた方々ですから日本に対してもちろん敵意を持ってると云う訳ではなくとも人情として、どうしても日本とか東洋とかよりは欧米に重きを置かれる風がある。日本との関係も欧米を憚《はばか》って中々突込んだ所までは進んで来なかったのであります。ところが今から四年前突如として革命が起［こ］りまして、この皇族政治が一朝にして顛覆《てんぷく》せられ、国民内閣が組織せられましてからは形勢俄然《がぜん》一変しまして、今迄は東洋の先進国である日本に頼ろうとする空気が非常に濃厚になって来たのであります。

そして最近二［、］三年の間にシャムの政治家・実業家・軍人等で我国を訪れるものがほとんど踵《きびす》を接すると云う有様であります。又留学生の如きは東京に已に七［、］八十名も来て居り、まだ続々と見える様でありますし、軍艦その他の汁文も殺到すると云う様な次第であります。

こう云う事になりましたのは、一には時勢の｜からしむる所でありますが、又私共はこの席に御臨席の本邦駐剳《ちゅうさつ》暹羅《シャム》公使閣下及び暹羅《シャム》駐在本邦公使矢田部《やたべ》閣下が非常なる熱意を持って両国の親善増進の為に御努になりました賜であると固く信じて疑いません。私共は最近のこの形勢を見まして喜びに堪えぬと同時に、両公使閣下の異常の御努力に対し心から感謝措《お》く能わざるものがあります。

最近における日暹の関係を見まして私は一方において非常な愉快を覚えるのでありますが同時に又一方においては俄《にわか》に心配の程も殖《ふ》えて来た様に思うのであります。日本人の国民性にはもとより多くの美点もありますが、又欠点も少くないのであります。その欠点の一つは性急にして急ぐと云う事であります。この欠点は余り大きな声では申されませんが、満洲や北支において現れ、色々な事端を起［こ］しつつあるのである。これから日本人は外国人を取扱う事が極めて下手である。私は支那の排日や、南米北米の排日の報導《ママ》を聞く毎に日本人にも反省すべき多くのものがある事を感ずるのです。そこでシャムですが、最近シャム熱が盛になって参りましたら、シャムへ、シャムへと志す者が非常に多くなった。中にはそう申しては甚だ不穏当かも知れませぬが、随分いかがわしい人物――満洲や北支を荒し廻って喰いつめた連中なども少［な］くない様に聞いて居ります。先日シャムの内務大臣が来られた時も毎日々々利権金のゴロツキにつきまとわれて困まられたと云う様な話もあります。

私は今日シャムが東洋民族としての存在に目覚め、東洋の先進国たる日本を兄弟の如く敬い、師匠の如く尚《とうと》ぶと云う事になって来た今日において、日本人がシャム人を遇するその道を誤ったならば、折角の形勢を再逆転せしめて日本が今日世界に有する最信頼すべき心友豊邦を失う事になると思います。

この時に当りて我国の有力なる実業家の方々をもって組織せらるる視察団が、今回シャムに渡られ、各方面を御視察になり、又各方面の人士と御交歓になると云う事は誠に時宜を得た事と思います。私は御一行の方々の立派な御人格と豊富な御経験とが必ずやシャム国上下の日本に対する信頼と尊敬とを増さしめ、両国と交［り］をますます親善にする事に大［い］に貢献するであろう事を信じ、多大の期待を持て皆さんの行を御送りしたいと思います。三［、］四月の頃は彼《かの》地《ち》は気候も悪い相《そう》でありますから、何卒御健康に御留意になって無事に沢山の御土産を持って御帰国あらん事を願います。ここに杯を挙げて御健康を祈りたいと思います。

（昭和十一［一九三六］年二月、暹羅協会）

近衛公秘聞
近衛内閣
風見章
近衛日記
共同通信社
敗戦日本の内側
富田健治
公爵近衛文麿
近衛文麿の時代
長尾和郎
近衛文麿 清談録
近衛文麿 上
近衛文麿 下
近衛文麿公・手記
最後の御前會議

読書案内——編集部選

本書の内容や背景及び、より多角的な視点から近代日本政治外交史、国際関係史を理解するために役立つと思われる主要な資料や文献を挙げる。公刊された二次資料に限り、古書店やネット書店で比較的入手が容易なものを中心に選択した。改版・復刊書については新しい書誌情報のみを記した。

ジョン・アイケンベリー著、鈴木康雄訳『アフター・ヴィクトリー——戦後構築の理論と行動』NTT出版、二〇〇四年
麻田貞雄『両大戦間の日米関係——海軍と政策決定過程』東京大学出版会、一九九三年
有馬学『帝国の昭和　日本の歴史23』講談社学術文庫、二〇一〇年
——『「国際化」の中の帝国日本　1905〜1924　日本の近代4』中公文庫、二〇一三年
有馬頼寧『友人近衛』弘文堂、一九四八年
——『政界道中記』日本出版協同、一九五一年
粟屋憲太郎／吉田裕編『国際検察局（IPS）尋問調書』第一一巻、日本図書センター、一九九三年
五百旗頭真『占領期——首相たちの新日本』講談社学術文庫、二〇〇七年
石射猪太郎『外交官の一生』中公文庫、一九八六年
石川禎浩『革命とナショナリズム　1925〜1945　シリーズ中国近現代史3』岩波新書、二〇

一〇年
石津明之／ウィリアムソン・マーレー編『日米戦略思想史――日米関係の新しい視点』彩流社、二〇〇五年
伊藤隆『昭和初期政治史研究――ロンドン海軍軍縮問題をめぐる諸政治集団の対抗と提携』東京大学出版会、一九六九年
――『近衛新体制――大政翼賛会への道』中央公論社、一九八三年
――『昭和期の政治』山川出版社、一九八三年
伊藤隆／広瀬順晧編『牧野伸顕日記』中央公論社、一九九〇年
伊藤隆ほか編『高木惣吉日記と情報』上・下、みすず書房、二〇〇〇年
伊藤隆／渡辺行男編『重光葵手記』中央公論社、一九八六年
伊藤之雄『大正デモクラシーと政党政治』山川出版社、一九八七年
入江昭『二十世紀の戦争と平和』東京大学出版会、一九八六年
入江昭著、篠原初枝訳『太平洋戦争の起源』東京大学出版会、一九九一年
ケネス・ウォルツ著、渡邉昭夫／岡垣知子訳『人間・国家・戦争――国際政治の3つのイメージ』勁草書房、二〇一三年
宇垣一成文書研究会編『宇垣一成関係文書』芙蓉書房、一九九五年
内田信也『風雪五十年』実業之日本社、一九五一年
大橋忠一『太平洋戦争由来記――松岡外交の真相』要書房、一九五二年
岡田啓介『岡田啓介回顧録』中公文庫、二〇一五年
岡義武『国際政治史』岩波書店、一九五五年

――『近衛文麿――「運命」の政治家』岩波新書、一九七二年
E・H・カー著、井上茂訳『危機の二十年』岩波文庫、一九九六年
風見章『近衛内閣』中公文庫、一九九一年
北河賢三/望月雅士/鬼嶋淳編『風見章日記・関係資料　一九三六―一九四七』みすず書房、二〇〇八年
川島真『近代国家への模索　1894～1925　シリーズ中国近現代史2』岩波新書、二〇一〇年
川島真編『近代中国をめぐる国際政治　歴史のなかの日本3』中央公論新社、二〇一四年
北岡伸一『官僚制としての日本陸軍』筑摩書房、二〇一二年
――『政党から軍部へ　1924～1941　日本の近代5』中公文庫、二〇一三年
――『門戸開放政策と日本』東京大学出版会、二〇一五年
木戸日記研究会校訂『木戸幸一日記』上下巻、東京大学出版会、一九六六年
木戸日記研究会編『木戸幸一関係文書』東京大学出版会、一九六六年
木舎幾三郎『近衛公秘聞』高野山出版社、一九五〇年
共同通信社「近衛日記」編集委員会編『近衛日記』共同通信社、一九六八年
工藤美代子『われ巣鴨に出頭せず』日本経済新聞社、二〇〇六年
来栖三郎『日米交渉の経緯』東京日日新聞社、一九四二年
――『泡沫の三十五年――日米交渉秘史』中公文庫、二〇〇七年
ジョージ・ケナン著、近藤晋一/飯田藤次/有賀貞訳『アメリカ外交五〇年』岩波現代文庫、二〇〇〇年
高坂正堯『国際政治――恐怖と希望』中公新書、一九六六年

――『現代の国際政治』講談社学術文庫、一九八九年
――『古典外交の成熟と崩壊』Ⅰ・Ⅱ巻、中公クラシックス、二〇一二年
後藤致人『昭和天皇と近現代日本』吉川弘文館、二〇〇三年
近衛文麿『失はれし政治』朝日新聞社、一九四六年
――「元老重臣と余」今井清一編『昭和の動乱　現代日本記録全集20』筑摩書房、一九六九年
――『戦後欧米見聞録』中公文庫、二〇〇六年
近衛正子ほか編『近衛文隆追悼集』陽明文庫、一九五九年
斎藤良衛『欺かれた歴史――松岡と三国同盟の裏面』中公文庫、二〇一二年
酒井三郎『昭和研究会――ある知識人集団の軌跡』中公文庫、一九九二年
迫水久常『機関銃下の首相官邸』ちくま学芸文庫、二〇一一年
佐藤誠三郎『「死の跳躍」を越えて――西洋の衝撃と日本』千倉書房、二〇〇九年
サンケイ新聞出版局編著『証言記録太平洋戦争　終戦への決断』サンケイ新聞出版局、一九七五年
塩田純『日本国憲法誕生――知られざる舞台裏』日本放送出版協会、二〇〇八年
重光葵『昭和の動乱』上下巻、中公文庫、二〇〇一年
幣原喜重郎『外交五十年』中公文庫、二〇一五年
勝田龍夫『重臣たちの昭和史』上下巻、文藝春秋、一九八一年
昭和同人会編著『昭和研究会』経済往来社、一九六八年
杉森久英『近衛文麿』上下巻、河出文庫、一九九〇年
須田禎一『風見章とその時代』みすず書房、一九六五年
ベン・スティル著、小坂恵理訳『ブレトンウッズの闘い――ケインズ、ホワイトと新世界秩序の創造』

日本経済新聞出版社、二〇一四年
高原秀介『ウィルソン外交と日本――理想と現実の間　1913-1921』創文社、二〇〇六年
田嶋信雄『ナチズム外交と「満洲国」』千倉書房、一九九二年
筒井清忠『二・二六事件とその時代』ちくま学芸文庫、二〇〇六年
――『昭和十年代の陸軍と政治』岩波書店、二〇〇七年
――『近衛文麿――教養主義的ポピュリストの悲劇』岩波現代文庫、二〇〇九年
――『昭和戦前期の政党政治――二大政党制はなぜ挫折したのか』ちくま新書、二〇一二年
戸部良一『ピース・フィーラー――支那事変和平工作の群像』論創社、一九九一年
――『日本陸軍と中国――「支那通」にみる夢と蹉跌』講談社選書メチエ、一九九九年
――『外務省革新派――世界新秩序の幻影』中公新書、二〇一〇年
富田健治『敗戦日本の内側――近衛公の思い出』古今書院、一九六二年
長尾和郎『近衛文麿』幸洋出版、一九七九年
中西寛『国際政治とは何か――地球社会における人間と秩序』中公新書、二〇〇三年
奈良岡聰智『加藤高明と政党政治――二大政党制への道』山川出版社、二〇〇六年
――『対華二十一ヵ条要求とは何だったのか――第一次世界大戦と日中対立の原点』名古屋大学出版会、二〇一五年
橋川文三／松本三之介編『近代日本政治思想史Ⅱ』有斐閣、一九七〇年
服部聡『松岡外交――日米開戦をめぐる国内要因と国際関係』千倉書房、二〇一二年
服部龍二『幣原喜重郎と二十世紀の日本――外交と民主主義』有斐閣、二〇〇六年
林茂／辻清明編『日本内閣史録4』第一法規出版、一九八一年

原田熊雄『西園寺公と政局』第一巻、岩波書店、一九五〇年
原田熊雄編『陶庵公清話』岩波書店、一九四三年
細川護貞『細川日記』上下巻、中公文庫、二〇〇二年
細谷千博／斎藤真／今井清一／蠟山道雄編『開戦に至る十年　議会・政党と民間団体　日米関係史3』東京大学出版会、一九七一年
細谷千博『日本外交の座標』中央公論社、一九七九年
牧野伸顕『回顧録』上下巻、中公文庫、一九七七年
牧野伸顕、伊藤隆／広瀬順晧編『牧野伸顕日記』中央公論社、一九九〇年
升味準之輔『政党の凋落、総力戦体制　日本政治史3』東京大学出版会、一九八八年
マーク・マゾワー著、依田卓巳訳『国際協調の先駆者たち――理想と現実の200年』NTT出版、二〇一五年
松本剛吉『大正デモクラシー期の政治――松本剛吉政治日誌』岩波書店、一九五九年
松本重治『近衛時代』上下巻、中公新書、一九八六年
御厨貴編『宰相たちのデッサン――幻の伝記で読む日本のリーダー』ゆまに書房、二〇〇七年
――『近現代日本を史料で読む』中公新書、二〇一一年
簑原俊洋『排日移民法と日米関係』岩波書店、二〇〇二年
三宅正樹『日独伊三国同盟の研究』南窓社、一九七五年
――『スターリン、ヒトラーと日ソ独伊聯合構想』朝日選書、二〇〇七年
三輪公忠編『再考・太平洋戦争前夜――日本の一九三〇年代論として』創世記、一九八一年
村井良太『政党内閣制の成立　一九一八～二七年』有斐閣、二〇〇五年

――『政党内閣制の展開と崩壊　一九二七〜三六年』有斐閣、二〇一四年
ハンス・モーゲンソー著、原彬久訳『国際政治――権力と平和』上中下巻、岩波文庫、二〇一三年
矢野暢『「南進」の系譜――日本の南洋史観』千倉書房、二〇〇九年
矢部貞治『近衛文麿』上下巻、弘文堂、一九五一年
――『三代宰相列伝　近衛文麿』時事通信社、一九五八年
山本一生『恋と伯爵と大正デモクラシー　有馬頼寧日記一九一九』日本経済新聞出版社、二〇〇七年
山本有三『濁流　雑談近衛文麿』毎日新聞社、一九七四年
吉田裕『昭和天皇の終戦史』岩波新書、一九九二年

年	月/日	主な出来事
	8/16	大本営、全軍に対して戦闘行為の停止を命令。鈴木内閣総辞職。後継の東久邇宮内閣に無任所国務大臣として入閣
	8/30	ダグラス・マッカーサー連合国軍最高司令官、厚木到着
	9/2	USSミズーリ艦上において降伏文書に調印。第2次世界大戦終結
	9/3	重光葵外相、マッカーサー会談
	9/13	近衛、マッカーサー会談
	9/17	重光外相辞任。後任に吉田茂
	9/27	昭和天皇、マッカーサーを訪問
	10/4	近衛、マッカーサー会談。東久邇宮内閣総辞職
	10/8	近衛、ジョージ・アチソン（GHQ政治顧問）会談
	10/9	幣原喜重郎内閣成立
	10/11	内大臣府御用掛就任
	10/25	憲法問題調査委員会設置
	10/26	ニューヨークタイムズ紙、近衛の戦犯容疑を示唆
	11/1	マッカーサー、近衛憲法草案を否定（GHQ、近衛の憲法改正作業に関知しないと声明）
	11/9	米国戦略爆撃調査団による尋問を受ける
	11/22	帝国憲法改正要綱（近衛草案）を昭和天皇に報告
	12/6	GHQ、A級戦犯容疑で近衛逮捕を決定
	12/16未明	青酸カリによる服毒自殺（収監予定日）
	12/20-	朝日新聞に「近衛公手記」が11回に渡って連載される
	12/21	葬儀

年	月/日	主な出来事
1941（昭和16）	7/18	第2次近衛内閣総辞職。第3次近衛内閣発足
	7/25	米国、日本の在米資産凍結令
	7/26	日英通商航海条約失効
	7/28	蘭領インドシナ、日蘭石油民間協定を停止。南部仏領インドシナ進駐。これ以降、日米関係は急激に悪化する
	8/1	米国、対日石油輸出を禁止
	9/6	御前会議で対米開戦を確認。「帝国国策遂行要領」決定
	10/12	荻窪会談（近衛、東條陸相、及川古志郎海相、豊田貞次郎外相、日米開戦を協議。近衛と東條対立）
	10/16	第3次近衛内閣総辞職。東條内閣成立
	11/26	米国よりハル・ノート提示される
	12/8	ハワイ真珠湾奇襲攻撃（太平洋戦争勃発）。対米最後通告
1942（昭和17）	4/30	第21回衆議院議員総選挙。いわゆる翼賛選挙
	6/5-7	ミッドウェー海戦で日本海軍の機動部隊が大損害を被る
1944（昭和19）	7/9	サイパン島失陥
	7/22	東條内閣総辞職。小磯国昭内閣成立
	6/19-20	マリアナ沖海戦で日本海軍惨敗。西太平洋における制海権・制空権をほぼ喪失
1945（昭和20）	2/4	ヤルタ会談。チャーチル、ルーズベルト、スターリンがソ連の対日参戦、国際連合の設立、中東欧地域の米ソの利害調整を話し合う
	2/14	昭和天皇に「近衛上奏文」を奏上
	4/7	小磯内閣総辞職。鈴木貫太郎内閣成立
	7/10	最高戦争指導会議、近衛特使のソ連派遣を決定
	7/18	ソ連、近衛特使の派遣について否定的回答
	7/26	連合国によるポツダム宣言発表
	8/8	ソ連、対日宣戦布告
	8/15	玉音放送（終戦の詔勅）

年	月/日	主な出来事
1938（昭和13）	1/16	第1次近衛声明「蔣介石（南京）政府を対手（あいて）にせず」。交渉による事態打開の方策を失い、日中戦争は泥沼化へ
	4/1	国家総動員法公布。5月5日施行
	7/29-	張鼓峰事件（第19師団が独断でソ連軍と戦闘）、ソ連と国境紛争
	11/3	第2次近衛声明により、戦争目的を「東亜新秩序建設」に変更
	12/22	第3次近衛声明。汪兆銘の重慶脱出を受け、「近衛三原則」（善隣友好、共同防共、経済提携）を示す
1939（昭和14）	1/5	第1次近衛内閣総辞職。枢密院議長就任
	5/12	ノモンハン事件（第23師団独断でソ連軍と交戦）
1940（昭和15）	1/26	日米通商航海条約失効
	6/24	枢密院議長辞任（「新体制運動」推進を決意）
	7/19	荻窪会談（近衛、松岡洋右、吉田善吾、東條英機の四者で南進と枢軸強化の方針を確認）
	7/22	第2次近衛内閣発足（松岡外相、吉田海相、東條陸相）
	7/26	大東亜新秩序建設（大東亜共栄圏）を国是とする「基本国策要綱」を閣議決定
	9/19	御前会議で日独伊三国軍事同盟締結を決定
	9/23	北部仏領インドシナ進駐
	9/27	日独伊三国軍事同盟調印
	10/12	大政翼賛会発足
1941（昭和16）	4/13	日ソ中立条約調印
	4/16	日米交渉開始（野村吉三郎駐米大使から三国同盟を骨抜きにする「日米諒解案」）
	4/22	松岡外相欧州歴訪から帰国（日米交渉に反対する松岡により修正案は黙殺される）
	6/17	日蘭交渉打切り（石油交渉は継続）
	6/22	独ソ開戦
	7/2	御前会議において南進と北進準備を決定。大本営、関特演（関東軍特殊演習）を発動

年	月/日	主な出来事
1934(昭和9)		ト大統領主催の午餐会(ハル国務長官ら出席)
	6/16	朝日新聞にエッセイ「ワシントン印象記」(本書045頁)掲載。執筆は6/14
	7/8	岡田啓介内閣成立
1935(昭和10)	8/10	国体明徴声明
	10/21	ナチス・ドイツ国際連盟脱退
	11/22	論文「国際平和の根本問題」(本書200頁)発表
1936(昭和11)	2/20	第19回衆議院議員総選挙。民政党比較第一党
	2/26	2.26事件発生。齋藤内大臣(前首相)、高橋是清蔵相、渡辺錠太郎教育総監ら暗殺される
	2/29	岡田内閣総辞職
	3/4	大命降下を受けるが体調を理由に辞退
	3/9	広田弘毅内閣成立
	5/7	斉藤隆夫、粛軍演説
	8/1	ベルリンオリンピック開幕
	8/8	伊藤武の編により『清談録』を千倉書房から刊行
	11/25	日独防共協定調印
	12/31	ワシントン海軍軍縮条約失効
1937(昭和12)	1/21	立憲政友会の代議士・浜田国松と寺内寿一陸軍大臣との間で腹切り問答。広田内閣総辞職へ
	2/2	林銑十郎内閣成立
	4/30	第20回衆議院議員総選挙。食い逃げ解散
	6/4	林内閣総辞職。元老・西園寺公望の推薦により第1次近衛内閣発足
	7/7	盧溝橋事件により日中戦争(支那事変)勃発
	7/9	事変の不拡大方針を閣議で確認
	7/11	現地で停戦協定が結ばれたにもかかわらず、近衛は華北への派兵を声明
	8/13	第2次上海事変。15日には海軍が南京を爆撃
	8/17	事変の不拡大方針放棄を閣議決定

年	月/日	主な出来事
1929（昭和4）	2/22	貴族院で田中首相問責決議案可決
	7/2	田中内閣総辞職。浜口雄幸民政党内閣成立
1930（昭和5）	2/20	第17回衆議院議員総選挙。民政党が勝利
	5月	エッセイ「エドワード・グレーの風格」（本書037頁）発表
	11/14	浜口首相、東京駅で狙撃される（幣原喜重郎外相が臨時代理）
1931（昭和6）	3月	クーデタ未遂（三月事件）発覚
	4/14	浜口内閣総辞職。第2次若槻内閣成立
	9/18	柳条湖事件（満州事変）起こる
	10/16	クーデタ未遂（十月事件）発覚
	12/13	第2次若槻内閣総辞職。犬養毅内閣成立
1932（昭和7）	1/28	上海共同租界で日華軍が衝突。上海事変勃発（～3月）
	2/20	第18回衆議院議員総選挙。政友会勝利
	4月	長男・文隆、米国留学
	5/15	5.11事件発生。犬養首相暗殺（高橋是清蔵相が臨時代理）
	5/26	犬養内閣総辞職。齋藤実内閣成立
	9月	齋藤首相、満州国を承認
	10月	リットン調査団の報告書出る
1933（昭和8）	2月	雑誌『キング』2月号に論文「世界の現状を改造せよ」（本書190頁）を発表
	3/27	日本、国際連盟脱退を表明
	6/9	貴族院議長に就任
	12/27	後藤隆之助らが近衛を囲む政策集団・昭和研究会を立ち上げる
1934（昭和9）	5/17	親善特使として渡米
	6/1	スタンフォード大学とフーバー前大統領宅を訪問
	6/5	モルガン商会のトーマス・ラモントと会談
	6/8	ホワイトハウスでフランクリン・ルーズベル

年	月/日	主な出来事
1918（大正7）		次女・温子（よしこ）誕生
	7-9月	米騒動
	12月	雑誌『日本及日本人』に論文「英米本位の平和主義を排す」（本書181頁）を発表
1919（大正8）	1/14-11/21	パリ講和会議に西園寺公望の随員として出席。その後、ドイツ、ベルギー、イギリス、米国をまわって帰国する
1921（大正10）	6/17	政友会・森恪らと憲法研究会を立ち上げる
1922（大正11）	5/11	次男・通隆誕生
	9/26	貴族院の最大会派・研究会に入会
1924（大正13）	1月	清浦奎吾内閣が成立し、憲政擁護運動起こる
	5/10	第15回衆議院議員総選挙で護憲三派（憲政会・政友会・革新倶楽部）が大勝
	6/11	加藤高明首班の護憲三派内閣成立。加藤首相は研究会筆頭常務の近衛に協力を要請
1925（大正14）	8/2	護憲三派の決裂により，加藤高明首班の憲政会単独与党政権成立
1926（大正15）	1/28	加藤高明首相逝去。同月30日、若槻礼次郎憲政会内閣成立
1927（昭和2）	4/17	若槻内閣総辞職
	4/20	田中義一政友会内閣成立
	6/1	政友会から分かれた政友本党と憲政会が合同し、民政党が成立（政友会対民政党という戦前期二大政党体制）
	11/12	一条実孝ら5人と共に研究会を脱会
	11/29	木戸幸一、徳川家達らとともに貴族院に新会派・火曜会を結成
1928（昭和3）	2/20	第16回衆議院議員総選挙（初の男子普通選挙）。政友会が勝利
	4-5月	水野錬太郎文相優諚問題
	6/3	貴族院5会派による田中首相問責共同声明発出
	11/10	裕仁親王の即位の大礼

近衛文麿 関連年表

年	月/日	主な出来事
1891（明治24）	10/12	公爵・近衛篤麿と旧加賀藩主で侯爵・前田慶寧の三女・衍子（さわこ）の長男として東京市麹町区（現在の千代田区）で誕生
	10/21	母・衍子、産褥熱のため死去
1893（明治26）		1歳半で初めて宮中に参内
1897（明治30）	4月	学習院初等科に入学
1982（明治25）		父・近衛篤麿が亡母・衍子の妹貞子（もとこ）と再婚
1903（明治36）	4月	学習院中等科に進学。この頃、母親が実母でないことを知る
1904（明治37）	1/1	父・近衛篤麿没（満40歳）。12歳にして近衛家当主、公爵となる
1906（明治39）	4月	乃木希典、学習院院長に就任。新渡戸稲造、第一高等学校校長に就任
1907（明治40）		学習院中等科で木戸幸一、原田熊雄らと知り合う
1909（明治42）		学習院中等科卒業、第一高等学校へ進学
		第一高等学校（旧制一高）卒業後、東京帝国大学哲学科に入学するも京都帝国大学法科大学へ転入
1913（大正2）	11/9	旧豊後佐伯藩主で子爵・毛利高範の次女・千代子と結婚
1915（大正4）		京都帝国大学を卒業、農商務省に入省
	4/3	長男・文隆誕生
1916（大正5）	10/11	貴族院議員になる。長女・昭子誕生
1917（大正6）		ロシア革命。木戸幸一の「左傾化」亢進する

｜ヤ行｜

｜ラ行｜

| ナ行 |

| ハ行 |

| マ行 |

サ行

タ行

主要人名索引

ア行

カ行

［著者略歴］

近衛文麿（このえ・ふみまろ）

一八九一（明治二四）年一〇月一二日～

一九四五（昭和二〇）年一二月一六日

五摂家である近衛家の第三十代当主。父、篤麿の病没後、公爵を襲爵。貴族院議員となり、貴族院議長をはじめ三次にわたる内閣総理大臣など、戦前期の政界で様々な要職を歴任する。

第一次内閣期には、盧溝橋事件を契機とする日中戦争が起こり、戦時体制への移行を進める国家総動員法を施行した。第二、三次内閣では大政翼賛会を創設し、新体制運動を進めると共に、大東亜共栄圏の建設を掲げて日独伊三国軍事同盟や日ソ中立条約を締結するなどした。

太平洋戦争終結後、東久邇宮内閣の国務大臣として入閣し、憲法改正に意欲を見せるも国内外から批判を浴び、戦犯容疑を受け巣鴨プリズンへ収監される当日未明に服毒自殺した。

◇◇◇

近衛文麿　清談録

一九三六（昭和一一）年八月八日　初版第一刷発行

二〇一五（平成二七）年七月二〇日　新版第一刷発行

［著者］　近衛文麿

［編者］　伊藤武

［発行者］　千倉成示

［発行所］　株式会社　千倉書房

〒一〇四－〇〇三一　東京都中央区京橋二－四－一二

〇三－三二七三－三九三一（代表）

http://www.chikura.co.jp/

［印刷・製本］　精文堂印刷株式会社

［造本・装丁］　米谷豪

ISBN 978-4-8051-1065-2 C1021

「死の跳躍」を越えて　佐藤誠三郎 著

西洋の衝撃という未曾有の危機に、日本人は如何に立ち向かったか。近代日本の精神構造の変遷を描いた古典的名作。

❖A5判／本体 五〇〇〇円＋税／978-4-8051-0925-0

「南進」の系譜　矢野暢 著

南方へ向かったひとびとの姿から近代日本の対外認識をあぶり出す。続編『日本の南洋史観』も併せて収録。

❖A5判／本体 五〇〇〇円＋税／978-4-8051-0926-7

なぜ歴史が書けるか　升味準之輔 著

歴史家は意味や効用があるから歴史を書くのではない。政党史研究の泰斗が傘寿を越えてたどり着いた境地。

❖四六判／本体 二八〇〇円＋税／978-4-8051-0897-0

表示価格は二〇一五年七月現在

千倉書房

増補新装版　インテリジェンスの20世紀

中西輝政＋小谷賢　編著

情報なくして国家なし。インテリジェンスの裏面史が描き出す20世紀国際政治の実相と21世紀日本外交への指針。

❖A5判／本体　三八〇〇円＋税／978-4-8051-0982-3

「普通」の国　日本

添谷芳秀＋田所昌幸＋デイヴィッド・ウェルチ　編著

「日本が普通の国になる」とはどのような状況を指すのだろう。それは可能なのか、望ましいのか、世界はどう見るのか?

❖四六判／本体　二八〇〇円＋税／978-4-8051-1032-4

近代日本のリーダーシップ

戸部良一　編著

日本人は指導者に何を求め、為政者はどう振る舞ってきたか。近代から現代を照射し、指導者の要諦を問う。

❖A5判／本体　三四〇〇円＋税／978-4-8051-1031-7

大正政変

小林道彦 著

初めて大陸に領土を得た近代日本は、それを如何に経営しようとしたのか。激突する国家構想は劇的政変の引き金を引く。

❖A5判／本体 五八〇〇円＋税／978-4-8051-1059-1

「八月の砲声」を聞いた日本人

奈良岡聰智 著

民間人が大量に抑留された初めての戦争、第一次世界大戦。異邦の地で拘束された日本人の想いと行動の記録。

❖四六判／本体 三二〇〇円＋税／978-4-8051-1012-6

松岡外交

服部聡 著

異端の外相・松岡洋右は日米開戦を巡る熾烈な外交戦に如何に挑んだのか。新資料によって再構成される、その全体像とは。

❖A5判／本体 五七〇〇円＋税／978-4-8051-1007-2

表示価格は二〇一五年七月現在

千倉書房

叢書

21世紀の国際環境と日本

001 同盟の相剋

水本義彦 著

比類なき二国間関係と呼ばれた英米同盟は、なぜ戦後インドシナを巡って対立したのか。超大国との同盟が抱える試練とは。

❖A5判／本体 三八〇〇円＋税／978-4-8051-0936-6

002 武力行使の政治学

多湖淳 著

単独主義か、多角主義か。超大国アメリカの行動形態を左右するのは如何なる要素か。計量分析と事例研究から解き明かす。

❖A5判／本体 四二〇〇円＋税／978-4-8051-0937-3

003 首相政治の制度分析

待鳥聡史 著

選挙制度改革、官邸機能改革、政権交代を経て「日本政治」は如何に変貌したのか。二〇一二年度サントリー学芸賞受賞。

❖A5判／本体 三九〇〇円＋税／978-4-8051-0993-9

千倉書房

表示価格は二〇一五年七月現在